Rudolf Lange **Kurt Lehmann**

Kurt Lehmanns Bildhauerleben
von 1924 bis 1996
zwischen zwei Buchdeckeln
eingefangen

Dir, liebe Gerda,
zum 75. Geburtstag
mit allen guten Wünschen
gewidmet

In alter Verbundenheit
Bärbel und Klaus

27. Sept. 2001

Rudolf Lange

Kurt Lehmann

Ein Bildhauerleben

Verlag Th. Schäfer Hannover

1995

Gefördert durch die
Stiftung Niedersachsen

ISBN 3-88746-344-7
Best.-Nr. 8883

© 1995 Verlag Th. Schäfer, Hannover

Buchgestaltung:
Bernd Kruhl (Schäfer*art* in Th. Schäfer Druckerei)

Gesamtherstellung:
Th. Schäfer Druckerei GmbH, Hannover

Vorwort

Dieses Buch versucht, das Leben und Werk des 1905 in Koblenz geborenen Bildhauers Kurt Lehmann vor dem Hintergrund der Zeitgeschichte darzustellen. Von 1949 bis 1970 hat er als Professor am Fachbereich Architektur der Universität (der früheren Technischen Hochschule) Hannover gewirkt und beim Neuaufbau der Stadt durch zahlreiche Skulpturen deren Gesicht mitgeprägt. Grundlage des Bandes ist das umfassende Werkverzeichnis, das Frau Karin Bury, Heidelberg, in jahrelangen sorgfältigen Recherchen für ihre Dissertation „Der Bildhauer Kurt Lehmann – Das plastische Werk. Ein Beitrag zur Bildhauerkunst des 20. Jahrhunderts" zusammengetragen hat. Ohne diese Vorarbeit wäre dieses Buch nicht möglich gewesen. Ihr gilt daher mein ganz besonderer Dank. Zu danken habe ich ferner dem Künstler selber, der durch die Sammlung von Material und in vielen Gesprächen mit ebensoviel Freude wie Humor das Vorhaben gefördert hat. Herrn Professor Stefan Schwerdtfeger, dem Nachfolger Kurt Lehmanns an der Universität Hannover, danke ich für die kritische Durchsicht des Manuskripts und wertvolle Hinweise. Nicht zuletzt sei allen, die zum Erscheinen des Bandes beigetragen haben, an erster Stelle der Stiftung Niedersachsen, Hannover, und Herrn Dr. Carl-Ernst Büchting, Einbeck, als Sponsoren herzlicher Dank gesagt.

Bereits 1968 habe ich innerhalb der Reihe „Niedersächsische Künstler der Gegenwart" (heute: „Kunst der Gegenwart aus Niedersachsen") eine kleine Monographie über Kurt Lehmann veröffentlicht. Der Text des jetzt vorgelegten weit umfangreicheren Bandes wird durch zahlreiche Fotos, Zeichnungen, Entwurfsskizzen, Gesprächsnotizen und die Wiedergabe zum Teil unveröffentlichter Briefe ergänzt. R. L.

Standortbestimmung

Dem Pförtner des Niedersächsischen Landtags im wiederaufgebauten hannoverschen Leineschloß bietet sich an diesem grauen Wintermorgen ein ungewohntes Bild: Im Innenhof stellt ein Mann eine überlebensgroße Pappfigur in das Grün, das den Boden bedeckt. Sie hat genau die Maße einer Bronzeskulptur, die, eben noch in der Gießerei, einige Zeit später hier ihren Platz finden soll. Wo wird ihr richtiger Standort sein? Diese Frage zu entscheiden, hat sich Kurt Lehmann mit Architekten und Angehörigen der Landtagsverwaltung verabredet. In welchem Abstand und in welcher Beziehung soll die Plastik zu dem kaukasischen Zaubernußbaum stehen, der seine Krone wahrhaft majestätisch über das grüne Geviert mit dem Wasserbecken breitet? Immer wieder wird das Pappmodell hin und her gerückt, wird diskutiert. Endlich sind alle zufrieden. Ganz besonders der Künstler: „Ein Glück, daß ich die Figur noch höher gemacht habe, jetzt mißt sie 2,45 m, sonst könnte sie sich gegenüber dem Baum nicht behaupten."

Wenige Wochen danach, im Frühjahr 1994, steht das fertige Werk, die archaische Figur eines „Tänzers", an dem ausgewählten Platz (Abb. S. 8/9). Mehr als zwei Jahre anstrengender Arbeit, bei der der auf die Neunzig zugehende Bildhauer um ein Haar schwer verunglückt wäre, liegen hinter ihm. „Das ist meine letzte große Arbeit", sagt er.

Ein Tänzer. Ja, doch nicht in einer schwerelos scheinenden, in den Raum drängenden Bewegung, sondern eine hoch aufgereckte Gestalt, die fast an eine Stele denken läßt. Die Umrißlinie des Körpers ist nur angedeutet. Von den Füßen strebt ein immer tiefer und breiter werdender Schlitz nach oben und mündet in eine Höhlung. Diese wird von der vorspringenden Schräge der angewinkelten Arme überwölbt. Darüber erhebt sich der nach rechts gewendete Kopf, kantig und stark vereinfacht auf seine Grundform zurückgeführt. Grazie des Tanzes? Davon ist nichts zu spüren. Um so mehr jedoch von der ungeheuren Konzentration des Tänzers, der im nächsten Augenblick zum ersten Schritt oder Sprung ansetzen wird. Der rechte Fuß, der über die Plinthe hinausragt, ist ein Signal dafür, daß sich Sekunden später gesammelte Kraft und Ruhe in Bewegung verströmen. Ruhe und Bewegung – diese beiden Pole bildhauerischen Schaffens sind in Lehmanns „Tänzer" zum Ausgleich gebracht.

Auf den ersten Blick sieht man, daß die Figur nicht einen bestimmten Tänzer darstellt, dazu ist sie viel zu freizügig in Richtung Abstraktion behandelt. Vielmehr verkörpert sie eine tänzerische Grundposition, ja es darf verallgemeinernd gesagt werden, eine menschliche Grundhaltung, nämlich die äußerster Anspannung, die einer Tat oder einem Entschluß im künstlerischen ebenso wie im politischen Bereich vorausgeht. Von daher ist auch die Aufstellung dieses „Tänzers" im Gebäude eines Parlaments, von dem der Bürger mit Recht ein Höchstmaß an Konzentration vor einer Entscheidung erwartet, gerechtfertigt.

Und dennoch: Ganz ohne Bezug zur Wirklichkeit ist, wie immer bei Kurt Lehmann, auch seine jüngste Großplastik nicht. Vor mehr als vierzig Jahren begegnete er dem spanischen Tänzer und Choreographen José Udaeta (*Barcelona, 27.5.1919), der während der ersten beiden Jahrzehnte nach dem Zweiten Weltkrieg zusammen mit Susana Audeoud das berühmte Duo Susana y José bildete. „Es war", erinnert sich Lehmann, „nach einer Premiere im Opernhaus Hannover. Ob es die Uraufführung von Hans-Werner Henzes ‚Boulevard Solitude' (1952) war, weiß ich nicht mehr ganz genau. Meine Frau und ich saßen mit mehreren Leuten vom Theater bei uns in der Wohnung in Herrenhausen. Dabei waren auch Udaeta und seine Partnerin. Wir sprachen natürlich vom Theater und vom Ballett. Auf einmal sprang Udaeta, der mir direkt gegenüber auf dem Sofa saß, auf und sagte: ‚O, Ihr Deutschen, Ihr seid immer so gedankenvoll, aber Tanz ist so!', und dann hob er die Arme und stand wie eine Senkrechte da: Eine Stellung, die ich nie vergessen habe."

Dieser Abend regte Lehmann zu einer 1961 vollendeten etwa 50 cm hohen Bronze, eben dem Vorläufer des großen „Tänzers", an. Jahre später sah ein leitender Architekt des Staatshochbauamtes die kleine Bronze und meinte: „Die könnte ich mir sehr gut groß im Landtag vorstellen." So kam es Jahrzehnte nach der kleinen Erstfassung zu dem Auftrag an den Künstler.

Für diesen bedeutete die Arbeit an der großen Form eine neuerliche Auseinandersetzung mit Grundwahrheiten der Bildhauerkunst. Zum Beispiel mit dem Verhältnis und der Bedeutung der Senkrechten, Waagerechten und Schrägen am menschlichen Körper, einem Problem, das der Bildhauer Heinz-Günter Prager in den 70er Jahren systematisch untersucht hat. „Die Senkrechte (Stehen)", so vermerkt Petra Oelschlägel in ihrem Buch über Prager, „setzt der Künstler für aktives Wahrnehmen, die Waagerechte (Liegen) für Ruhen, und die Diagonale, die zum Beispiel als Beinbewegung das Gehen einleitet, symbolisiert für ihn das Handeln."[1]

Eine verwandte, überdies philosophisch vertiefte Bewertung der Senkrechten gibt Kurt Lehmanns Sohn, Intendant der Niedersächsischen Staatsoper Hannover. Er spricht als Kenner der Praxis, denn er wurde ursprünglich auch als Pantomime und Tänzer ausgebildet. Im Sommer 1991 schreibt er an seinen Vater: „Es war eine gute Nachricht, daß Du Deinem ‚Tänzer' mit dem ersten Tonklumpen die Senkrechte beigebracht hast. Ich freue mich auf sein Wachsen. Die Geschichte von Udaeta, die Du dazu erzählt hast, ist treffend und ihrerseits wieder eine Senkrechte, wie die Leitschnur bei der Arbeit. Wie oft habe ich im Lauf

Der Werdegang des *Tänzers*:
Der Künstler baut das Gerüst, das der in Ton modellierten Figur Festigkeit verleiht; die Rohform in Ton; die Gipsform, nach der der Bronzeguß erfolgt

Die 1961 entstandene etwa 50 cm hohe erste Bronzefassung des *Tänzers*

Seite 9
Der *Tänzer* im Innenhof des Niedersächsischen Landtags Hannover (Leineschloß)

meiner Theaterarbeit diese Tänzer bewundert, ihre Disziplin, ihren Ernst und eben diese Philosophie, die mit der Senkrechten zu tun hat.

Dabei ist die Senkrechte so leicht zu irritieren und aus dem Lot zu bringen. Ein Tänzer macht daraus ein künstlerisches Ereignis: Die Senkrechte – die Irritation – die Wiedergewinnung der Senkrechten! In der Senkrechten schlummert die Kraft zu jeder Bewegung, ein unerschöpflicher Reichtum möglicher Schritte, Gesten oder Figuren. Auch Spannung und Entspannung, Atmen und Ausatmen ist in der Senkrechten beinhaltet. Sie ist so oft das Ziel eines wilden, artistischen Bewegungsspieles, das sich scheinbar ins Chaotische verlieren möchte und dann doch wieder zu seinem Ursprung zurückkehrt. Lieber Vo (so wird der Künstler in der Familie genannt, d. Verf.), eben bin ich auf meiner Radtour an der Speerwerfergruppe (Plastik von Lehmann am Eingang des Niedersachsen-Stadions am Maschsee, d. Verf.) vorbeigekommen, habe die beiden von Dir gegrüßt und mich an der Senkrechten, der Waagerechten und der Diagonalen erfreut. Ich kann mir vorstellen, daß die ‚Speerwerfer' für den ‚Tänzer' Pate stehen könnten. Es ist ein Lebensgefühl der Verantwortlichkeit und der Bewußtheit, das sich in der Senkrechten ausdrückt, ein Bild des homo sapiens in einem Symbol. Es ist – wie man so schön sagt – das einzig Senkrechte."

Verantwortlichkeit und Bewußtheit – die hier, wenn auch in einem ganz anderen Zusammenhang angesprochenen Tugenden – bekräftigen, daß es richtig war, dem „Tänzer" im Parlament Heimatrecht zu verleihen.

Entscheidend für die Standortwahl im Innenhof war indes nicht nur die Beziehung der Kunstfigur zu dem Organismus des Baumes, sondern auch zur Architektur des Hofes, das heißt zu dessen Abmessungen und zu den schmalen senkrechten Stahlträgern der seitlichen Verglasung sowie den breiten Waagerechten der Geschoßdecken. Die Skulptur wirkt als Teil eines ästhetischen Mikrokosmos in

doppelter Funktion: Sie fordert heraus und fügt sich dennoch in das Ganze ein. Damit entspricht sie beispielhaft der Auffassung des Künstlers, der während seiner langen Tätigkeit als Professor am Fachbereich Architektur der Universität Hannover gelernt hat, seine Werke weniger als Einzelobjekte, sondern vornehmlich im Zusammenhang mit der Umgebung zu sehen. Das gilt für städtebauliche Situationen, Straßen, Plätze genauso wie für Bauten. Mit dieser Plastik erweist der Künstler ebenso wie mit der wenige Jahre zuvor vollendeten, ebenfalls mehr als lebensgroßen „Attischen Figur" im Foyer des neuen Schauspielhauses der Stadt Hannover seine Reverenz. Er weiß, warum. Hier stehen nicht nur viele seiner Arbeiten im öffentlichen Raum, hier hat er die ihn am stärksten prägenden Jahre verbracht. Um zu erfahren, wie es gerade hier dazu kam, ist es nötig, zu den Anfängen zurückzublättern.

Zurückgeblättert

Als Kurt Lehmann am 31. August 1905 in Koblenz geboren wurde, ging es in der Welt nicht weniger aufregend zu als heutzutage. Der russisch-japanische Krieg endete mit einem Sieg Japans. Rußland erhielt nach einer Revolution eine konstitutionelle Verfassung. Ereignisreich war das Jahr 1905 auch für Kunst und Wissenschaft: In Italien trat Marinetti, der Begründer des Futurismus, hervor, der Maler Adolph von Menzel starb, in Dresden wurde die expressionistische Künstlervereinigung „Brücke" gegründet, in Paris stellten zum erstenmal die Fauves, der Kreis um Henri Matisse, aus, Albert Einstein veröffentlichte seine „Spezielle Relativitätstheorie", mit der er die moderne Physik begründete, und Robert Koch bekam den Medizin-Nobelpreis für seine Tuberkuloseforschung. Für Kurt Lehmann werden diese Fakten später den Rahmen seines Lebensraums mitbestimmen.

Die Familie des Vaters stammte aus Pommern, wo sie seit Generationen Landwirtschaft betrieb, die Mutter war eine Müllerstochter aus der Gegend um Kassel, somit stand auch sie dem bäuerlichen Leben nahe. In Koblenz besuchte der junge Lehmann die Volksschule und das Realgymnasium. Hier, in der Stadt, wo zwischen Weinbergen Rhein und Mosel zusammenfließen, empfing er seine ersten Landschaftseindrücke, die ihn prägten. „An einem Strom geboren zu werden", sagt Carl Zuckmayer, der Dichter des „Fröhlichen Weinbergs" und des „Hauptmanns von Köpenick", in seiner Autobiographie, „im Bannkreis eines großen Flusses aufzuwachsen, ist ein besonderes Geschenk. Es sind die Ströme, die die Länder tragen und die Erde im Gleichgewicht halten, da sie die Meere miteinander verbinden und die Kommunikation der Weltteile herstellen. Im Stromland ist es, im Schwemmland, in den dunstgesättigten Auen fruchtbarer Ufer, wo die Völker sich ansiedeln, wo ihre Städte und Märkte, Tempel und Kirchen erstehn, wo ihre Handelswege und ihre Sprachen sich begegnen. Im Strome sein, heißt, in der Fülle des Lebens stehn."[2] Ein Wort, das sich an Kurt Lehmann aufs schönste erfüllen sollte.

Mit 16 Jahren, die Eltern waren inzwischen mehrmals umgezogen, sollte er, wie es der Familientradition entsprach, eine landwirtschaftliche Ausbildung beginnen. So kam er als Gutseleve nach Friedrichssegen bei Bad Ems. Beim Kühehüten machte ihm das Zeichnen, das er damit zu verbinden wußte, besonderen Spaß. Kurz entschlossen schrieb er seinem Vater, daß er nicht Landwirt, sondern Maler werden wolle. Er war höchst überrascht, daß der Vater einverstanden war, und kehrte zu seinen Eltern, die mittlerweile in Kassel wohnten, zurück. Doch nun gab's die große Enttäuschung. Denn der Vater hatte ihm nicht, wie er glaubte, den Weg zur hehren Kunst geebnet, sondern ihm, ganz realistisch denkend, eine Lehrstelle bei einem Malermeister besorgt. Das hatte Lehmann natürlich nicht erwartet, er wollte doch ein „wirklicher Maler" werden. Und nun war er Anstreicherlehrling! Doch diese Wendung der Dinge hatte, wie sich schon bald herausstellen sollte, durchaus ihr Gutes. Einem seiner Berufsschullehrer fielen seine Zeichnungen auf, und er riet ihm, diese der Kasseler Kunstakademie einzureichen. Gesagt, getan: 1924 wurde er in den Probekurs der Hochschule für Bildende Künste aufgenommen.

Der fast Neunzehnjährige war inzwischen Zeuge aufregender Jahre gewesen. Er hatte den Ersten Weltkrieg, die Novemberrevolution in Deutschland und die Hungerjahre der Inflation miterlebt. Jetzt, 1924, stehen im Buch der Geschichte zwei Ereignisse verzeichnet, die unabsehbare, schreckliche Folgen nach sich ziehen sollten: Adolf Hitler wird vorzeitig aus der Festungshaft in Landsberg, zu der er wegen des Hitler-Ludendorff-Putsches im November 1923 verurteilt worden war, entlassen, in Moskau stirbt Lenin, der Begründer der Sowjetunion, und Stalin gelangt an die Macht.

Die Technik weist immer größere Erfolge auf: Dr. Hugo Eckener führt das Zeppelin-Luftschiff Z. R. III als Reparationsleistung von Friedrichshafen nach Lakehurst (New York). Zwischen England und

Liegendes Mädchen, 1928, Gips,
B.: ca. 65 cm

Weiblicher Halbakt, 1926, Bronze,
H.: 151 cm

den Vereinigten Staaten von Amerika und ebenso zwischen England und Australien wird zum erstenmal eine Verständigung mit Hilfe des Radios möglich. Bei Ford in Detroit läuft das 10 000 000ste Auto vom Band. Ob all' dies den jungen Kunststudenten allerdings interessiert hat, darf bezweifelt werden. Was sich hinter der nüchternen Aufzählung dieser Daten verbirgt, hat aber auch sein Leben wesentlich beeinflußt.

An der Kasseler Akademie gehörte zur künstlerischen Grundausbildung das Modellieren. Daher kam er auch in die Bildhauerklasse von Professor Alfred Vocke (1886–1944). Dieser erkannte Lehmanns eigentliche Begabung. Er erklärte: „Sie müssen nicht Maler, sondern Bildhauer werden!" und nahm ihn mit in sein Atelier. Vocke, ursprünglich Bierbrauer, stammte aus Schlesien. Er war ein fröhlicher Mensch, immer zu Streichen aufgelegt, aber nichtsdestoweniger ein Meister in seinem Fach, der für mehrere Städte Brunnen schuf, Medaillen formte und in Messing getriebene Arbeiten herstellte. Alles handwerkliche Wissen und Können, das der junge Lehmann für seinen Beruf brauchte, lernte er bei Vocke. Schon bald zog dieser ihn zur Mitarbeit heran, so zum Beispiel zur Gestaltung des Portals für ein Hotel am Kasseler Bahnhof. Da mußten zum Thema „Leben im Hotel" 34 Figuren für den späteren Betonguß modelliert werden, und Lehmann half mit, besonders bei denen der Kinder. Lehrer und Schüler verstanden sich ausgezeichnet; wenn Termine drängten, mußten sich beide mit wenigen Stunden Schlaf im Atelier begnügen. Mancher aus dem Bekanntenkreis des Kunststudenten meinte, er lasse sich ausnutzen, aber noch heute widerspricht Lehmann. Er war einfach von seiner Tätigkeit besessen.

1929 ging die Akademiezeit zu Ende. Während der hinter ihm liegenden Jahre entstanden zahlreiche meist kleinere Plastiken, die jedoch fast alle im Zweiten Weltkrieg zerstört wurden. Von einigen läßt sich wenigstens durch Fotos ein Eindruck gewinnen. Porträts, weibliche und männliche Akte, einige Reliefs und Torsi lassen erkennen, wie der junge Künstler sich vom Vorbild des Lehrers freizumachen begann. Manche der Frauenfiguren haben, wie häufig bei Vocke, die Arme vor oder hinter dem Kopf zusammengelegt, die Oberfläche ist malerisch aufgerauht und erinnert an Rodin. Die „Kleine Stehende" aus Bronze (1925/26, H.: 25,2 cm) dagegen fällt durch die glatte Oberfläche, die anmutige Strenge des Aufbaus und das behutsame Ausgreifen in den Raum sogleich auf. Das Problem Figur und umgebender Raum, das später für Lehmann so bedeutsam werden sollte, beschäftigt ihn mehr und mehr und findet bemerkenswerten Ausdruck in der Kleinbronze „Sitzender Jüngling" (Abb. S. 12) der bereits überraschend vereinfacht ist, und auch in der etwas überlebensgroßen Gipsfigur des allerdings stärker realistisch aufgefaßten „Hockenden Knaben" (Abb. S. 13). Zu den Höhepunkten dieser Jahre zählt der lebensgroße „Weibliche Halbakt" (Abb. oben), der nicht nur durch das Spiel von Linien, Wölbungen und Vertiefungen, sondern auch durch den nach innen gekehrten, zart beseelten Blick überzeugt: ein harmonisches Menschenbild.

Es ist erstaunlich, wie Lehmann sich im Atelier Alfred Vockes entwickelt, wie rasch er bei allem Suchen zu Eigenem gelangt. Noch erstaunlicher jedoch ist, wieviel von dem, was ihn später unverwechselbar kennzeichnet, jetzt bereits im Ansatz mehr oder weniger deutlich sichtbar wird.

Zu dieser Zeit erhielt Lehmann seinen ersten Auftrag. Für die Henschel-Werke in Kassel sollte er als Geschenk für Kunden eine Lokomotive in der Größe eines Briefbeschwerers modellieren. Er betrachtete dies als eine gewisse Fügung, denn mit der Eisenbahn verband ihn sozusagen eine Jugendliebe. Schon als Kind wollte er Lokomotive werden, nicht etwa Lokomotivführer wie so viele. Nein, er wollte selber stampfend und zischend durch die

Sitzender Jüngling, 1927/29, Bronze, H.: 26,4 cm

Welt brausen. „Das Herrliche an diesem Auftrag", erinnert er sich, „war nicht das Geld, das ich damals sehr nötig brauchen konnte, sondern das Glück, in die Riesenhallen der Werke zu kommen und Einblick zu nehmen in das Werden und Wachsen der Lokomotiven, sie von oben und unten bestaunen zu können." In dem 1950 in einer Zeitung veröffentlichten Text stimmt er ein regelrechtes Loblied auf die Eisenbahn an. Es verdient nicht zuletzt auch deshalb Beachtung, weil es von seinem musikalischen Empfinden und Verstehen Zeugnis ablegt.

„Mit dieser Liebe zu den Zügen stehe ich nicht allein. Warum hängen wir denn eigentlich an der Eisenbahn? Es ist nicht nur das mühelose Befördertwerden, nicht allein die Tatsache, daß man völlig ungestört von Besuchern und Telefon das Glück des Fahrens genießen kann, eine wichtige Sache zu lesen und zu durchdenken oder etwas zu tun, was es für den gehetzten Großstadtmenschen kaum noch gibt: zu dösen!

Es hat mich gefreut festzustellen, wie oft die Eisenbahn und ihr Rhythmus Gegenstand künstlerischer Gestaltung war und immer noch ist. Vor kurzem erst hat Cesar Bresgen in München eine Schuloper uraufführen lassen mit dem Titel ‚Die alte Lokomotive'. Sehr erregte mich seinerzeit, ich glaube, es war 1926, die Aufführung der Oper ‚Jonny spielt auf' von Ernst Krenek, in der das Orchester Bahnhofsatmosphäre und Rhythmus bis zum Vibrieren des abfahrenden Zuges zu Gehör bringt...

Um noch bei der Musik zu bleiben: Von Arthur Honegger gibt es eine Symphonie, die den Namen trägt: ‚Pacific 231'. Das ist der Name einer schweren Lokomotive. Es ist bekannt, daß Honegger großes Interesse an der Eisenbahn hatte und während seines Aufenthaltes in den USA zeitweise Lokomotivführer war. Honegger verfaßte drei Mouvements-Symphoniques und schreibt darüber in seinem Buch ‚Ich bin Komponist': ‚Sehr talentierte Leute haben in herrlichen Artikeln die Kurbelstangen, den Lärm der Kolben, das Knirschen der Bremsen und den entweichenden Dampf usw. geschildert. Dabei wollte ich doch nur das Gefühl einer mathematischen Beschleunigung des Rhythmus geben, während die Bewegung sich verlangsamt.'

Weiter sagt Honegger: ‚Dieser Typ ‚Pacific 231' ist leider der Elektrifizierung geopfert!' – Ja, wahrhaftig geopfert! Diese sterilen, sauberen, formsicheren Zugmaschinen kommen mir geradezu seelenlos vor! Unter einer überstülpten Stromlinienform wie in Sülze verstecken sie all die Gelenke und all die Anstrengungen, die eine richtige Lokomotive an den Tag legt ...

Heute durchziehen die Autochausseen und Eisenbahnnetze die ganze Welt, und es ist merkwürdig zu sehen, wie die festliegende Schiene der Eisenbahn langsam auch für das Auto zum Vorbild wird. Viele unserer Straßen haben weiße Streifen aufgemalt bekommen, die die Fahrbahnen bezeichnen und begrenzen. In Amerika plant man, die Autobahnen mit elektrischen Leitschienen auszustatten. Diese Leitschienen sollen dem Fahrer während der Fahrt auf der Autobahn die Arbeit abnehmen. Kehrt die Straße nicht reumütig zur Schiene zurück?"[3]

Schon während der Akademiezeit stellte Lehmann in der Kasseler Sezession im Kunstverein mehrere Male aus. Mit den Kritiken konnte er zufrieden sein. So heißt es 1928 in einer Besprechung in einer Kasseler Tageszeitung: „Einen besonderen Gewinn der Ausstellung und eine wichtige Bereicherung des Kasseler Kunstlebens darf man in dem jungen hochbegabten Bildhauer Kurt Lehmann sehen. Die drei von ihm ausgestellten Plastiken lassen gewiß kein abschließendes Urteil zu, doch kann man hieraus und den beigegebenen Zeichnungen wohl schon jetzt erkennen, daß es sich um einen

Hockender Knabe, 1929, Gips, etwas überlebensgroß

ungemein befähigten Künstler handelt. Das Erstaunlichste ist vielleicht der Frauenkopf, ein Bildnis voll stärksten und lebendigsten Empfindens und wundervoll beweglicher Gestaltung. Recht selbständig erscheint auch das ‚Liegende Mädchen', stetig und klar in der Gliederung, in richtiger Erkenntnis der plastischen Erfordernisse (Abb. S. 10). Man wird die Entwicklung dieses Vocke-Schülers besonders im Auge behalten müssen."

Rodin und Maillol

Bei solchem Lob, das ihm auch von anderer Seite zuteil wurde, nimmt es nicht wunder, daß er 1929 mit dem Preis der Stadt Kassel ausgezeichnet wurde. Der war mit 1 000 Reichsmark ausgestattet. Für die damalige Zeit ein ansehnlicher Betrag. Was machte Lehmann damit? Für 300 RM kaufte er einem befreundeten Maler, der selber auf den Preis gehofft hatte, aber leer ausgegangen war, ein Bild ab. Für den Rest ging er auf Reisen. Zum erstenmal ins Ausland. Dazu reichte das restliche Geld allemal. Ihn zog es zunächst nach Antwerpen. Mehr noch als in den Museen hielt er sich am Hafen auf. Die meiste Zeit verbrachte er damit, seine Eindrücke in vielen Zeichnungen festzuhalten. Über Brüssel führte ihn der Weg weiter nach Meudon, südwestlich von Paris, wo Auguste Rodin, der große Meister der impressionistischen Plastik (1840–1917), sein Leben vollendet hatte. Im Museum dort gefielen ihm vor allem die Zeichnungen und kleinen Figuren. Hier und in Paris begegnete er dem Werk eines Bildhauers, der sich von einem leeren, veräußerlichten Klassizismus, wie er in den meisten Denkmälern jener Zeit hervortrat, abwandte und der plastischen Kunst eine lange nachwirkende neue Richtung wies. Das Neue, das Rodin brachte, war die malerische Behandlung der Oberfläche. Durch sie wurden der psychische Zustand und die innere Gespanntheit seiner Figuren zusätzlich sicht- und tastbar. „Skulptur", auf diese Formel brachte er selbst die Summe seines Schaffens, „ist die Kunst, die Formen im Spiel von Licht und Schatten darzustellen." In der Figurengruppe „Die Bürger von Calais" (1884/1886) ist diese Auffassung besonders überzeugend verwirklicht worden.

Die wohl wichtigste Station auf Lehmanns Reise war der Besuch bei Aristide Maillol (1861–1944), dem Gegenpol Rodins, der wie dieser die Bildhauerkunst des 20. Jahrhunderts entscheidend beeinflußte. Lehmann hat über die Begegnung mit dem aus Südfrankreich stammenden Bildhauer in Marly-le-Roi, einem Vorort von Paris, einen außerordentlich farbigen, noch im selben Jahr 1929 veröffentlichten Bericht verfaßt. Er wurde seitdem hier und da auszugsweise zitiert, doch darf er, vom Künstler für dieses Buch teilweise neu gefaßt, in diesem Zusammenhang nicht fehlen:

„Ich sitze in der Vorortbahn von Paris. Zwei Damen im Abteil unterhalten sich über die schöne Gegend, durch die wir fahren. Die mir gegenüber sitzende Französin spricht entzückt von dem herrlich gelegenen Dorf Marly-le-Roi, in dem sie sich schon öfters aufgehalten hat. Da dieser Ort mein Reiseziel ist, versuche ich, mich an diesem Gespräch zu beteiligen. Mit meinem Schulfranzösisch stelle ich mir die Frage zurecht: ‚Können Sie mir sagen, wo in Marly-le-Roi der Bildhauer Maillol wohnt?' Die Dame bedauert, sie kann mir keine Auskunft geben. Inzwischen erreicht unser Zug den Bahnhof Marly-le-Roi. Wir steigen aus. Die Dame fragt den Stationsvorsteher. Der bedauert. Da hört sie von der Straße her das Klappern von Milchkannen. Ein Milchmann steht da mit seinem zweirädrigen Karren. Sie geht auf ihn zu und fragt wiederum nach Maillol. ‚Aristide Maillol, qui fait les sculptures?' antwortet dieser. Und nun folgt eine urkomische Szene, in der der Milchmann äußerst temperamentvoll und gestenreich den Weg beschreibt. Er spricht so schnell, daß ich kaum verstehe, was er sagt. Ich bedanke mich und gehe der angewiesenen Richtung nach den ersten schmalen Weg hinauf. Zwischen den einfachen Dorfhäusern ist ein Gartenplatz mit einem Bretterzaun drum herum. Da ist auch das Atelier. Darin steht Maillol über eine am Boden liegende weibliche Bronzefigur gebeugt. In der Hand hält er einen Lappen, spuckt auf die Figur und reibt mit dem Lappen hinterher. ‚Nehmen Sie auch einen Lappen und machen Sie es wie ich, damit wir die Flecken wegkriegen!' Dabei kommen wir allmählich ins Gespräch.

Maillol bemerkt meine Mappe und fragt: ‚Avez vous des dessins?' – ‚Oui monsieur.' Auf einem Holzklotz öffnet er die Mappe. ‚Vous êtes un sculpteur?' fragt Maillol beim Betrachten. ‚Oui monsieur' ist meine durch allzu geringe Sprachkenntnisse notwendig eintönige Antwort.

Er fühlt beim Ansehen meiner Zeichnungen mit seiner Hand die Bewegungen der Linien nach. ‚C'est bien, cette conture! C'est très joli. Vous avez des idées.' Einige Fotos meiner Arbeiten bringen uns auf das Gespräch über die Komposition der Plastik. ‚Plastique c'est architecture', sagt Maillol, nimmt ein Stück Kreide, zeichnet auf der Holzwand geometrische Formen, Dreieck, Kreis, Ellipse, in die er nun seine Kompositionen hineinbaut. Ganz ruhig und aus dem Gefühl heraus setzt er Form gegen Form, die sich in ihren großen Bewegungen in die gegebene Grundform einfügen. ‚Seulement la conture!' Dabei weist er auf eine antike Plastik in strenger Blockform, die in seinem Garten steht. ‚Voilà, les Grecs! C'est la même chose.'

Die Geschlossenheit der Form ist für den Bildhauer das Wichtige, das spüre ich aus seinen Worten und an seiner augenblicklichen Handbewegung, mit der er eine geschlossene Masse beschreibt. Es ist der Block, der leben muß, und nicht die Einzelheit…

Maillol hebt ein Stück Stein vom Boden auf und weist auf die ruhige Oberfläche hin. Maillol sagt mir, wenn ich die Wirkung des fertig bearbeiteten Steines sehen wollte, so müßte ich mir das Cézanne-Denkmal in den Tuilerien ansehen. Auf einem Stück Schiefer zeichnet er mir den Ort auf, wo das Denkmal steht.

Ich verabschiede mich und fahre nach Paris zurück."[4]

Aufbruch der Moderne

Als Lehmann seine Reise unternahm, neigten sich die „goldenen" zwanziger Jahre ihrem Ende zu. In Wahrheit erscheinen sie gar nicht so golden, wenn man den Blick von der Kunst hinweg auf die wirtschaftlichen Schwierigkeiten und sozialen Probleme lenkt. Der revolutionäre Aufbruch der Künste zu Beginn des Jahrhunderts war durch den Krieg 1914/1918 gestoppt worden. Erst in den Jahren danach konnte eine zweite Welle der Moderne mit Ungestüm über die Gesellschaft hinwegrollen, allerdings gegen den Widerstand vieler, die alten Denkgewohnheiten und Wertbegriffen verhaftet blieben. Mit dem französischen Maler Paul Cézanne (1839–1906) hatte alles angefangen. Er führte in seiner Malerei die Naturformen auf die geometrischen bzw. sterometrischen Grundformen Zylinder, Kegel und Kugel zurück und gab damit dem Bild seine eigene Gesetzmäßigkeit jenseits einer naturalistischen Darstellungsweise. Am konsequentesten wurden seine Ideen von den Erfindern des Kubismus, Pablo Picasso und Georges Braque, und auch von Juan Gris weiterentwickelt. Eine weitere folgenreiche Umwälzung hatte der Russe Wassily Kandinsky, der anfangs dem Jugendstil verpflichtet war, eingeleitet, als er 1910 in München sein erstes abstraktes Bild malte. Damit öffnete sich das nahezu unübersehbare Feld der ungegenständlichen, das heißt der gänzlich von der Natur losgelösten Malerei.

Der Kunstbegriff erweitert sich

Die Avantgarde der russischen Konstruktivisten mit Kasimir Malewitsch an der Spitze, die holländische De-Stijl-Bewegung mit Piet Mondrian und Theo von Doesburg, die Bauhaus-Meister mit Paul Klee, die Dadaisten mit Hans Arp, der Surrealismus eines Max Ernst oder René Magrittes und „die abstrakten Hannover" mit Kurt Schwitters: Alle diese Künstler, alle diese Gruppierungen stehen für die aufregende Erweiterung des traditionellen Kunstbegriffs. Klee hat diesen für die Kunst unseres Jahrhunderts so entscheidenden Vorgang in der 1920 von Kasimir Edschmid herausgegebenen „Schöpferischen Konfession" auf die treffende Formel gebracht: „Kunst gibt nicht das Sichtbare wieder, sondern macht sichtbar." In einem wenige Jahre später – 1923 – veröffentlichten Bauhaus-Aufsatz ergänzt er diesen Gedanken, indem er feststellt: „Der Gegenstand erweitert sich über seine Erscheinung hinaus durch unser Wissen um sein Inneres. Durch das Wissen, daß das Ding mehr ist, als seine Außenseite zu erkennen gibt."

Dieses Wissen aber wurde vor allem durch die moderne Naturwissenschaft an den Tag gebracht. Ihre Forschungsergebnisse im Bereich der Physik, Chemie, Biologie, Psychologie und Medizin haben ebenso wie die Erkenntnisse der Historiker und Archäologen ein neues Weltbild entstehen lassen: Ein Weltbild, das, bisher bestehende Grenzen überschreitend, weitgehend unanschaulich geworden ist und häufig nur noch durch Formeln vermittelt werden kann. Die Nähe zur Entwicklung der Künste in diesen ersten zwei, drei Jahrzehnten liegt auf der Hand.

An ihr hat natürlich auch die Bildhauerkunst teilgenommen. Nur sind bei ihr wegen der Gebundenheit an die schwer zu bearbeitenden Materialien wie Stein, Metall, Holz, um nur die wichtigsten zu nennen, der Freiheit des Gestaltens gewisse Grenzen gezogen. Wieder ist es Picasso, der auch in der Plastik neue Wege weist. Er wendet den Kubismus folgerichtig auf die Skulptur an. Diese Methode und einhergehend damit eine zunehmende Neigung zur Abstraktion sind charakteristisch für zahlreiche Werke im ersten Drittel des Jahrhunderts, vor allem für die von Jacques Lipchitz, Rudolf Belling, Alexander Archipenko, Constantin Brancusi, Henri Laurens und Henry Moore. Am weitesten zum Konstruktivismus wagt sich der Russe Antoine Pevsner vor. Bei ihm ist jeder Bezug zu einer Naturform aufgegeben. Andere halten an der Figur von Mensch oder Tier fest, wenngleich sie diese mehr oder weniger verformen, ja verzerren. Starken Widerhall findet die Kunst Schwarzafrikas in der Plastik der „Brücke"-Künstler. Unverwechselbar eigenwillig stehen Ernst Barlachs blockhafte, innerlich von schwungvoll-strengem Linienspiel bewegte, expressive Figuren in der Zeit. Mit entgegengesetzten Mitteln erzielt Wilhelm Lehnbruck eine nicht minder bezwingende Ausdruckskraft. Die auf Kosten des Körpervolumens überlängten Gliedmaßen bilden besonders im „Gestürzten" (Steinguß, 1915/16) und im „Sitzenden Jüngling" (Steinguß, 1917/18) ein bewegtes Formgerüst, das seelische Empfindungen, hier: Schmerz, Trauer, Verzweiflung, vermittelt. In Georg Kolbes Figuren folgen Höhlungen und Wölbungen der Anatomie des Körpers und verbinden sich zu einem stimmigen Ganzen. In den frühen Arbeiten von Gerhard Marcks spürt man die respektvolle Beschäftigung mit der klassischen Antike und einen beherrschten Willen zur Abstraktion. Nach stärker als Marcks vereinfacht Ewald Mataré die Naturform, ohne diese jedoch aufzugeben.

Wasserträgerin, 1931, Bleistift und Tusche, Maße unbekannt

Dieser kurze Überblick soll die Situation der Bildhauerkunst um 1929 zeigen, das Umfeld, das sich dem 24jährigen Lehmann bot. In ihm wird er sich künftig bewegen, wird in den hier genannten Künstlern Weggefährten finden, aber auch Konkurrenten.

Rom – Villa Massimo

Lehmann fährt nach Italien: 1930 erhält er das Staatsstipendium für die Villa Massimo in Rom. Ein ganzes Jahr verbringt er in der Ewigen Stadt, lebt und arbeitet in einer der großen Atelierwohnungen der deutschen Akademie und taucht ein in das unvergleichliche römische Ensemble aus Antike, Renaissance, Barock und Gegenwart. Diese Gegenwart wurde damals durch Mussolini und den Faschismus bestimmt. Kurze Zeit vor Lehmanns Eintreffen in Rom waren die Lateranverträge (1929) abgeschlossen worden, die die Aussöhnung Italiens mit dem Vatikan besiegelten.

Über die während des Rom-Jahres entstandenen Arbeiten läßt sich nicht viel sagen, denn nach der Rückkehr hat der Künstler diese selbst vernichtet. Auch Fotos gibt es kaum. Aufnahmen existieren lediglich von einer „Stehenden mit verschränkten Armen" (Gips, 1930/31, H.: ca. 180 cm), einer statuarischen, naturhaft-kraftvoll durchgebildeten Figur mit leicht zum Himmel erhobenem Kopf, ferner von einer „Wasserträgerin" (Bronze, 1931, H.: 37 cm) und einem großen „Italienischen Mädchen" (Gips, 1931, H.: ca. 130 cm). Erhalten geblieben sind dagegen ein „Italienisches Kinderköpfchen" (Abb. S. 17) mit leicht angerauhter Oberfläche, das anmutig und zugleich nachdenklich dreinschaut, und eine Grabstele für Walter Amelung, den Direktor des Deutschen Archäologischen Instituts (Steinrelief, 1930, H.: ca. 210 cm). Sie steht auf dem Cimitero Acattolico, dem „Protestantischen Friedhof", an der Porta Ostiense.

Gleichzeitig mit Kurt Lehmann waren neben anderen Studiengästen die Bildhauer Hans Mettel, Hermann Scheuernstuhl und der Maler Werner Gilles in Rom. Mit diesem entwickelte sich eine Freundschaft, die erst mit dessen Tod endete. Über den Aufenthalt in der Villa Massimo, die der jüdische Industrielle Eduard Arnhold eigens hatte erbauen lassen, um sie 1913 dem preußischen Staat als Akademie zu schenken, hat Lehmann später – 1950 – in einem Vortrag berichtet.

„Im Jahre 1930 bekam ich vom Preußischen Kultusministerium das Rom-Stipendium. Ich hatte die erste Kollektiv-Ausstellung im Kunstverein in Kassel. Ein ganzes Jahr ohne Geldsorgen unter südlichem Himmel, bei südlichem Wein. Das war schon herrlich! In der Deutschen Akademie in der Villa Massimo hatte ich ein großes Atelier, an das sich eine kleine Wohnung anschloß. Gleichzeitig mit mir war unter anderen deutschen Künstlern

Werner Gilles dort, dessen traumhafte Bilder mich schon damals so stark beeindruckten, daß ich glaubte, dem größten deutschen Maler begegnet zu sein; und heute weiß ich es, daß er zu den Großen gehört. Auch damals ging Gilles durch alle Unruhen und Wirrnisse mit der Hoheit eines Königs und der Schlichtheit eines Hirten – und alles, was wir gemeinsam sahen an Kunstschätzen und an Rotwein tranken, machte einen unauslöschlichen Eindruck auf mich; seine klaren, so besonders betrachtenden Augen fielen sogar der italienischen Polizei auf, und es passierte, daß er an einem Tage wegen ‚Spionageverdacht' dreimal verhaftet wurde.

Ich spielte in dieser Zeit Cello und hatte Unterricht beim ersten Cellisten vom Augusteum in Rom. Dieser war nebenbei ein großer Sportfreund. Er erzählte mir, daß in seinem Fußballverein ein entscheidendes Wettspiel bevorstehe und zum großen Kummer der Mannschaft sei der Linksaußen-Stürmer plötzlich erkrankt. Als er nun hörte, daß ich früher Linksaußen gespielt, hörte er auf mit dem Cello-Spiel und verwandte seine ganze Kunst darauf, mich für dieses Spiel zu gewinnen. Nach langem Hin und Her – wer konnte dieser Liebenswürdigkeit und Überredungskunst widerstehen? – sagte ich zu. Es fand ein Probespiel statt, und ich wurde in die offizielle Mannschaft eingereiht. Nun kommt der heikle Punkt! Es durfte keiner merken, daß ich ein ‚tedesco' war – denn damals gab es zwischen Deutschland und Italien politische Spannungen. Der große Tag kam. Glücklicher Zufall und gutes Zusammenspiel ergaben, daß ich für meine Mannschaft das entscheidende Tor trat. Die Begeisterung eines südlichen Publikums war mir damals unvorstellbar. Man stürmte auf das Spielfeld. Ungezählter Umarmungen konnte ich mich nicht erwehren, und auf den Schultern wurde ich davongetragen. Am nächsten Tag stand in den Zeitungen, daß der ‚famoso musicus Lemano' ein bravissimo Tor geschossen hat."[5]

Die Zeit in Rom, vor allem aber der Freund Werner Gilles bleiben in Kurt Lehmann immer lebendig. 1932 hat er ein Porträt von ihm gemacht, doch der Gips wurde im Krieg zerstört. Dreißig Jahre später ehrte er den toten Freund mit einem Bronzerelief „Gruß an W. G." (Abb. S. 18), das auf rauhem Untergrund eine angedeutete männliche Figur in der Seitenansicht zeigt. Einer Stele gleich tritt sie, den angewinkelten Arm schräg nach unten senkend, kaum aus der Fläche hervor. Der Schatten, den die Gestalt wirft, läßt an das Reich der Schatten denken, wie denn überhaupt vor diesem Bildwerk die Nähe zur frühen antiken Welt zu spüren ist. Darüber hinaus lädt dieses Arbeit dazu ein, über die hier so stark hervorgehobene Senkrechte als Inbegriff der Geradheit und des eigentlich Menschlichen, der Humanitas, zu philosophieren.

Die zahlreichen Briefe von Werner Gilles hütet Lehmann wie einen Schatz. In einem dieser Briefe, geschrieben am 7. Januar 1949 in München, kommt

Italienisches Kinderköpfchen, 1931, Bronze, H.: 20,6 cm

Gruß an W. G., 1961,
Bronzerelief, H.: 53 cm

auf Respekt gebietende Weise zum Ausdruck, wie demütig Gilles sein Künstertum betrachtet: „Unabhängig von der Vielheit der Stile, mit der unsere Gegenwart gesegnet ist, zeigt sich doch schon ganz deutlich, daß der unerkannte Stil unserer Zeit eine alles beseligende Menschlichkeit sein wird. Es wird nur der daran teilhaben können, der sich nichts angelegener sein läßt, als die Suche nach dem, was er in sich an Menschlichem in bestem Sinne entdecken kann. Wenn es auch gar wenig sein sollte, so ist dieses Wenige doch immer viel mehr als das Geblähte, Stilvolle. Auch läßt sich der Weg zum ‚Nächsten' der Gemeinschaft erst dann mit Hoffnung auf Gewinn verwirklichen, wenn in Uns selbst diese Liebe zu Uns entstanden ist, die amor fati, das Gesicht, das Gott zum Bilde, zum Ebenbild Gottes geschaffen wurde. Diese Grundforderungen bleiben meist eine Aufgabe fürs ganze Leben, sie aber als solche erkannt zu haben, gibt dem Leben des Einzelnen den Wert für die Zukunft. Es hat also gar keinen Zweck, immer wieder danach zu fragen, ob das, was wir gestalten, überhaupt einen anderen etwas angehen wird. Es ist ganz selbstverständlich: Wenn wir durch unsere Arbeit ein sauberes Gefäß für den Odem Gottes geworden sind, ist der Wert unserer Arbeit für die Gemeinschaft festgelegt. Aber das ist das Schwerste und davon dürfen wir nicht ablassen. Die Rücksicht auf die anderen erleichtert und vernichtet sogar manchmal unsere wesentliche Arbeit."

Das religiöse Grundgefühl, das sich in diesen Zeilen offenbart, klingt auch in einem, ebenfalls in München verfaßten Brief vom 30. Dezember 1950 an, in dem Gilles kurz über seine Arbeit berichtet: „Ich fühlte mich schon lange schuldig, Dir noch nicht geschrieben zu haben. Aber seit meiner Rückkehr aus Italien habe ich sofort die Ölmalerei aufgenommen und gestern konnte ich nach langer Zeit vier große Ölbilder als fertig mit meinem Namen zeichnen, was immer das Schwerste ist und mir meist wie Hochmut vorkommt, ist doch das, was gut ist, nicht von uns, sondern im Auftrag und durch Lenkung des Höchsten zustande gekommen."

Weshalb hier diese ausführlichen Zitate aus den Gilles-Briefen? Die Antwort fällt nicht schwer. Diese Zeilen des Freundes sind wie ein Spiegel. In ihm wird auch ein gut Teil des Wesens von Kurt Lehmann sichtbar, seine Art und Weise zu denken und zu empfinden, die hinter einer heiter-gelassenen, fast kindhaften Weltfrömmigkeit allerdings kaum hervortritt.

Zwischenspiel in Berlin

Nach dem Ende des Stipendiatenjahres in der Villa Massimo kehrte Lehmann nach Deutschland zurück und ließ sich in Berlin nieder. „Aus der geschichts- und kunstträchtigen Atmosphäre Roms zog ich in die nüchterne, klare Luft Berlins, die meiner Arbeit sehr gut tat. Ich packte meine römischen Kleinplastiken aus, zerschlug sie und warf die Bronzen in den Lützowkanal."[6] Der Entschluß, in die alte Reichshauptstadt zu gehen, entsprang offensichtlich nicht zuletzt dem Wunsch, in einer gänzlich anderen Umgebung Selbstkritik zu üben. Daß sie indes so hart ausfiel, überrascht. Heute darauf angesprochen, gibt er keine weiteren Erklärungen ab und meint nur lachend: „Da sind die Sachen jetzt schön patiniert." Lehmann nutzte seine Berliner Zeit auch dazu, sich in der Bearbeitung des Steins, der ursprünglichsten Form der Bildhauerei fortzubilden. Bisher hatte er fast nur für den Bronzeguß in Ton modelliert. Daher arbeitete er eine Weile bei Fritz Diederich, der damals die Werkstatt für Steinplastik an den Vereinigten Staatsschulen für freie und angewandte Kunst leitete. Die äußeren Umstände dieser Jahre waren entmutigend: wirtschaftlich ging es immer weiter bergab, man zählte an die sechs Millionen Arbeitslose, Straßenschlachten zwischen Nationalsozialisten, Kommunisten und Sozialdemokraten gehörten zum Alltag. Im Januar 1933 übernahm Hitler die Macht, die politischen Folgen erschütterten das Reich, die Menschen kamen aus der Aufregung nicht mehr heraus. Lehmann hatte kaum das Nötigste zum Leben.

Er war daher froh, als er in der „Ateliergemeinschaft Klosterstraße" in eines der 40 dort zur Verfügung stehenden Ateliers einziehen konnte. Zum Glück wurde nur eine geringe Miete verlangt. In diesem Haus in der Klosterstraße 75 fanden während des Dritten Reichs zahlreiche Künstler, deren Namen längst in der Kunstgeschichte verzeichnet werden, für einige Jahre eine Bleibe, so u. a. die Maler Werner Gilles, Werner Heldt, Hermann Teuber und die Bildhauer Ludwig Kasper, Gerhard Marcks, Hermann Blumenthal, Gustav Seitz und Richard Scheibe. Auch Käthe Kollwitz besaß von 1934 bis 1940 ein Atelier im Hause. Zu den Mietern zählte zeitweilig auch e. o. plauen (Erich Ohser), der Schöpfer der unvergeßlichen Bildergeschichten von „vater und sohn", der sich 1944 das Leben nahm.

Für Lehmann war es eine große Freude, Werner Gilles aufs neue zu begegnen. Freundschaftliche Beziehungen ergaben sich auch mit Seitz und Blumenthal. Richtig heimisch wurde Kurt Lehmann jedoch hier nicht, denn es gab Wichtigeres für ihn zu tun: 1933 heiratete er in Osnabrück die Zeichenlehrerin Hedwig Nöldeke, deren Familie mit Wilhelm Busch verwandt war. Er hatte seine spätere Frau während des gemeinsamen Studiums an der Kasseler Akademie kennengelernt – „auf der Tonkiste im Atelier", wie er mit fröhlichem Lachen in den Augen erzählt. Bis wenige Jahre vor ihrem Tod 1993 ist die immer heiter gestimmte, allseitig interessierte Frau die höchste Instanz künstlerischer Verantwortung für ihn gewesen.

Wiederholt ist nach dem Krieg die Frage laut geworden, ob die Künstler in der Klosterstraße arbeiten konnten, ohne sich den Forderungen der nationalsozialistischen Kunstdiktatur unbedingt zu beugen. Drei Ausstellungen, 1976, 1988 und 1994, haben sich um eine Antwort bemüht. Die vorliegenden Dokumente und Aussagen von Zeitzeugen, vor allem aber die Werke der dort tätigen Künstler lassen keinen Zweifel, daß die Mitglieder der Ateliergemeinschaft in ihrer Mehrzahl politisch nicht interessiert waren und nichts weiter wollten, als ihre künstlerischen Vorstellungen in die Tat umzusetzen. Im Vorwort zur 1994 in Berlin und Erfurt gezeigten Ausstellung „Ateliergemeinschaft Klosterstraße Berlin 1933–1945, Künstler in der Zeit des Nationalsozialismus" zieht Eberhard Roters die Bilanz: „Die Ateliergemeinschaft Klosterstraße, der es gelang, unter den Augen des Naziregimes, dem sie von 1933 bis 1945 offiziell staatlich unterstellt war, Künstlern, die den Machthabern mehr oder weniger mißliebig waren, Asyl zu bieten, sie dort gewissermaßen ‚unsichtbar' zu machen und dem direkten Zugriff wenigstens zeitweilig zu entziehen, ist in ihrer Besonderheit und, man kann wohl sagen, Einmaligkeit ein Phänomen, das auch heute noch, und aus dem geschichtlichen Abstand erst recht, unsere historische Aufmerksamkeit verdient ..." [7]

Von den Skulpturen Kurt Lehmanns, die in Berlin entstanden, sind meist nur Fotos vorhanden. Die Originale gingen im Krieg verloren.

Im Rückblick schildert Lehmann seine Station in Berlin so kurz und knapp, daß man daraus das Unbehagen, das ihn damals begleitete, sogleich spürt: „Meine Arbeit bekam in Berlin ein neues Gesicht, das aber dem aufkeimendem Dritten Reich gar nicht paßte ... Meine Figuren wanderten in den Keller. Das einzig Positive, was mir das Jahr 1933 brachte, war die Heirat mit meiner Frau. – Die Berliner Zeit war schwer; und es war gut so. Ich habe mich mit meiner Arbeit und meiner Geldnot herumgeschlagen." [8]

Ein Atelier in Kassel

1934 bot sich ihm eine günstige Gelegenheit, wieder nach Kassel umzuziehen. Der preußische Staat hatte drei Kunstakademien, darunter auch Kassel, geschlossen und die nun leerstehenden Räume jungen Künstlern angeboten. So erhielt Lehmann ein schönes Atelier zur Verfügung gestellt, wo er in Ruhe arbeiten konnte.

Hier nutzt er die Jahre, um seine Formvorstellungen zu klären und weiterzuentwickeln. Als notwendige Brotarbeit entstehen ein großes Sandsteinrelief (Ingenieur und Arbeiter) für die Werratal-Autobahnbrücke bei Hannoversch Münden (1936) und, zusammen mit den Bildhauern Kurt Schwippert und Karl Ehlers, eine Serie von Muschelkalksteinreliefs für die Kaserne auf dem Petrisberg in Trier. Die von 1937 bis 1939 in Schwipperts

Porträt des Vaters, 1934, Bronze, H.: 28 cm

Porträt der Mutter, 1933, Bronze, H.: 31 cm

Porträt „Ekke", 1934, Bronze, H.: 25 cm

Porträt „Hans-Peter Lehmann", 1937, Bronze, H.: 25 cm

Atelier in Kelberg/Eifel ausgeführten Arbeiten zeigen Szenen aus dem Soldatenleben. Mit ihrer starken Vereinfachung, der Betonung des Flächenhaften und den scharfen Konturen erinnern die ganz sachlich gehaltenen Darstellungen an Bilderbücher für Kinder. Der Heroismus, der in jener Zeit gepredigt wurde, ist ihnen fremd.

Die Porträtköpfe aus dieser Zeit, darunter der des Vaters (Abb. S. 20), zeigen, ebenso wie der schon ein Jahr zuvor in Berlin modellierte Kopf der Mutter (Abb. S. 20), auf welche Weise der Künstler sowohl das Wesen des Porträtierten als auch das Charakteristische des Schädels und der Physiognomie seines Gegenübers intuitiv zu erfassen versteht. Das geschieht mit deutlich erkennbarem Respekt vor der Individualität des anderen. Kein Bildnis ist nach einer bestimmten Art und Weise gestaltet wie das andere, es gibt auf den ersten Blick nichts, was im Gegensatz etwa zu den Köpfen Bernhard Heiligers, für Lehmann typisch wäre. Dennoch erkennt man beim genauen Betrachten seine Eigenart, behutsam von der Naturform zu abstrahieren, Details, soweit nötig, sparsam der großen Form des Schädels unterzuordnen.

Nach diesen Grundsätzen verfährt Lehmann auch bei dem Kinderporträt „Ekke" (Abb. rechts oben) und dem seines 1934 geborenen Sohnes Hans-Peter (Abb. rechts unten). Bei dem einige Jahren älteren Ekke sind die Einzelformen härter herausgearbeitet. Dieser Knabe, so jung er ist, wirkt bereits wie eine kleine Persönlichkeit, die weiß, was sie will. Ganz anders das Porträt des etwa Dreijährigen. Alles ist weicher modelliert, sowohl die zu einer größeren Form zusammengezogenen, in die Stirn fallenden Haare und die Augenbrauen als auch die vollen Wangen mit der sanft betonten Nase und der locker geschlossene Mund mit der deutlich eingegrabenen Oberlippe. Es ist über das Individuelle hinaus ein Kindergesicht, dem die Neugier aus den weit geöffneten Augen schaut, alles, was es in seiner Umwelt gibt, staunend und doch schon ein wenig kritisch aufzunehmen.

Zu den wichtigsten Werken dieser Kasseler Zeit zählen einige Bildwerke, in denen der Künstler sich durch spielende, hockende oder sitzende Knaben anregen ließ. Hier befaßte er sich mit einem Thema, das ihn später immer wieder fesselte: Der Bewegung des Körpers und dessen Beziehung zum umgebenden Raum. Eingeschlossen darin ist das Problem der Durchdringung des Volumens. Einige Ansätze, für ihn Neues zu erproben, hatte es schon früher gegeben, so im „Hockenden Knaben" (Abb. S. 13). Das von den Gliedmaßen und der Körperachse gebildete Liniengerüst sendet nach den verschiedensten Seiten hin Bewegungsströme in den Raum hinaus. Trotz der Dynamik der nur wenig von der Naturform abstrahierten Figur läßt sie sich in einen Block hineindenken, wie es Maillol von sich forderte. Schließlich hatte Lehmann den großen Franzosen gerade besucht und seine Mah-

nung „Nichts darüber hinaus!" noch im Ohr. Jedenfalls darf dieser nicht erhaltene „Hockende Knabe" als ein Schlüsselmodell beziehungsweise als Schlüsselbauplan eingestuft werden.

In den folgenden Jahren und Jahrzehnten hat sich der Künstler häufig an dieses Grundmuster gehalten, selbstverständlich stets in abgewandelter Form. Der „Hockende Junge" (Abb. S. 22), auch „Zehenspieler" genannt, ist ein Beispiel dafür. Der Junge sitzt ohne Plinthe auf dem Boden, er hat die

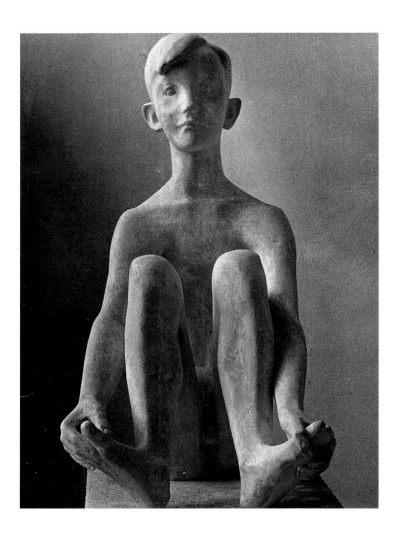

Hockender Junge (Zehenspieler),
1. Fassung 1938, Gips für Bronze,
H.: 67 cm

Sinnender, 1948, Gips für Bronze,
H.: 58 cm

leicht geöffneten Knie hochgezogen. Die Arme streckt er zu den Füßen hinunter, die auf den Hacken nach außen gedreht sind, während die Hände locker die Zehen umfassen. Wiederum hat die Anordnung der Arme und Beine eine bemerkenswerte Anzahl von Durchbrüchen zur Folge. Sie verzahnen die Skulptur gleichsam mit dem Umraum. Bewegung und Ruhe der Gestalt halten einander im Gleichgewicht, so daß die Plastik als Ganzes von einer heiteren Harmonie erfüllt ist. Nach dem Kriege, 1948, hat Lehmann eine zweite Fassung des „Zehenspielers", die in Bronze gegossen wurde, fertiggestellt. Sie ist ein wenig stärker abstrahiert, vor allem der Kopf wurde härter modelliert.

Auf dem gleichen Grundprinzip wie die beiden hockenden Knaben basiert auch ein weiterer, fast gleichzeitig entstandener „Hockender", von dem zwei Fassungen hergestellt wurden, eine kleine und eine lebensgroße Bronze (Abb. S. 23), die indes nicht erhalten geblieben ist. Die große Skulptur sollte für einen Brunnen verwendet werden. Der Knabe kniet auf dem Boden, den Rumpf diagonal nach vorn geneigt und von den Händen, die oberhalb der Knie ruhen, abgestützt. Abermals bietet sich in dieser Figur ein bewegtes, fließendes Widerspiel von Durchbrüchen und dynamischer Linienführung. Der besondere Reiz der Skulptur liegt in der Spannung, die aus dem großen Winkel zwischen Leib und Oberschenkeln erwächst. Der tektonische Aufbau ist überzeugend klar durchdacht, kurz: ein meisterliches Werk.

Eines Tages erhielt der Künstler in seinem Kasseler Atelier Besuch von einer dreiköpfigen Kunstkommission in SA-Uniform. „Wir wollen mal sehen", sagten die Männer, „ob Ihre Arbeiten gesund sind!" Ihre Blicke fielen u. a. auf ein leider später zerbombtes „Sitzendes Mädchen", das erst in Ton modelliert und noch nicht in Gips gegossen war (Abb. S. 23). Die 70 bis 80 cm hohe schlanke Figur sitzt, wie ein Foto zeigt, auf dem Boden und greift mit beiden Armen hinter den Kopf, so daß zwei Dreiecke entstehen. Ihnen entsprechen zwei Dreiecke, die durch die angewinkelten und leicht gespreizten Beine zustande kommen. Die linear konzipierte Skulptur drückt Unruhe, ja Unentschlossenheit aus, worauf auch der nachdenkliche Gesichtsausdruck verweist. „So sitzt keine deutsche Frau!" bekam Lehmann von seinen Besuchern zu hören. Zum Porträt eines Knaben sagten sie: „Das

lieber ein Ende mit Schrecken als ein Schrecken ohne Ende.
Daß meine Akademieberufung längst hinfällig ist, werden Sie gehört haben.
Ich würde mich sehr freuen Sie zu sehn, fürchte indessen, daß es mir schwer sein wird, nach Kassel zu kommen, und hoffe, daß Sie gelegentlich der Weg hierher führt.

Alles Gute!
Ihr ergebener
G. Marcks

Berlin Nikolassee
Teutonenstr. 2 a
16. IX. 37" [9]

Über die letzten Jahre vor Ausbruch des Krieges berichtet der Sohn des Künstlers, Hans-Peter, in einer kurzen biographischen Skizze, die er zum 80. Geburtstag des Vaters verfaßt hat:

1938
„Ruhe, Kraft und Geborgenheit, das sind die frühesten Erinnerungen, die ich an meinen Vater habe.
Zwischen seinen Armen auf dem Fahrrad sitzend, schob er mich die steile Frankfurter Straße in Kassel hinauf vom Atelier nach Hause. Vom Atelier nach Hause, wann immer und wo immer, dies war und ist sein Weg, ein erfülltes Bildhauerleben lang.

ist ein Kretin." Sie verabschiedeten sich mit der Feststellung: „Ihre Arbeiten gehören einer Zeit an, die überwunden ist."
1937 beteiligte sich Kurt Lehmann an einer Ausstellung der Galerie des ebenso mutigen wie geschickten Buchhändlers Karl Buchholz in der Leipziger Straße in Berlin, wo häufiger Arbeiten einiger damals mißliebiger Künstler aus dem Atelierhaus Klosterstraße zu sehen waren. Zu den Besuchern gehörte auch der Bildhauerkollege Gerhard Marcks. Der Brief, den er an Lehmann schrieb, kennzeichnet die Situation der Künstler, die sich nicht auf die nationalsozialistische Ideologie eingelassen hatten:

„Lieber Herr Lehmann!

Letzthin habe ich 2 sehr schöne Arbeiten von Ihnen gesehen, und daher nehme ich den Mut zur vertraulichen Anrede!
Die Hockende wurde sinngemäß aus der Ausstellung entfernt. Doch hoffe ich noch öfters etwas von Ihnen in Berlin zu sehn zu kriegen.
Werden Sie weiterarbeiten können? Sich nicht stören lassen, ist die Parole. Und schlimmstenfalls

Hockender (Brunnenfigur), 1937/38, Gips für Bronze, lebensgroß

Sitzendes Mädchen, 1933/34, Gips, H.: 70–80 cm

Junge mit Tuch, 1948, Bronze,
H.: 25,9 cm

Geblendete, 1947, Bronze,
H.: 25,3 cm

Damals befand sich sein Atelier in der Kunstakademie an der Kasselaner Aue. Ich erinnere mich der herrlichen Natur, der überhohen Atelierfenster, des Gipsstaubes und meiner ersten (und zugleich letzten) Versuche im Bildhauen.

1939
Aus der Stadt zogen wir nun auf den Brasselsberg ins sogenannte ‚Dorf der feinen Leute'. Villen, Gärten, Wälder und Berge, eine ideale Umgebung für Eltern und Kinder. Vaters einziger Geburtstagsbrief in diesem Jahr war allerdings ein Stellungsbefehl. Er wurde bald darauf eingezogen. Der Krieg begann. Von nun an erlebte ich ihn in einer befremdlichen Fliegeruniform und lernte die Bedeutung des Wortes ‚Urlaub' schätzen. Luftschutzalarm und marschierende Truppen, Fahnen und Sprechchöre bestimmten das Leben. Aus der Ferne brachte Vater Zeichnungen mit. Einmal war es der Hafen von Antwerpen, flämische Bauernhöfe, Tiere in der Landschaft, vor allem aber liebte er die belgischen Birkenwälder und ihre ganz und gar unmilitärische Haltung. Auf seine Art wehrte sich Vater gegen die zunehmende Zerstörung, er zeichnete und porträtierte. Auch in der nachfolgenden Gefangenschaft blieb ihm die Kraftquelle seiner eigenen Arbeit erhalten. Er kehrte wohlbehalten in die Heimat zurück." [10]

Ein knappes halbes Jahr, bevor der Krieg zu Ende ging, hatte Gerhard Marcks ihm auf einen Brief geantwortet:

„Niehagen, 16. XI. 44

Lieber Herr Lehmann!

Wie schön, von Ihnen nach so langer Zeit zu hören! Erstens, daß Sie noch am Leben sind, was ja heute schon eine Art Sonderkommando darstellt ...
Zum Arbeiten kommen Sie natürlich gar nicht – oder haben Sie einen einsichtigen Kompagniechef? Als der Krieg noch ‚fröhlich' war, gab's das manchmal. Dennoch, ich rate Ihnen aus eigener Erfahrung: Versuchen Sie mit dem geringsten Aufwand der Muse am Schürzenbändel zu bleiben: Gesichter gibts ja immer, vielleicht auch mal ein Aktmodell unter Kameraden. Sie können zwar sagen: ‚Einmal habe ich gearbeitet und werde es auch wieder können!', so daß die Verzweiflung Sie nicht übermannt. Aber es ist ja so, daß jeder Stoff interessant wird, wenn man nur versucht, in ihn einzudringen.

Hockendes Kind, 1947/48, Terrakotta, H.: 27 cm

Ja, ich habe wohl gut reden: Bisher kann ich immer noch arbeiten, wenn auch nur noch kleine Arbeiten (neuerdings auch wieder Holzschnitte), da kein Montag weiß, was bis Sonnabend passiert. Nun bin ich erst mal im Shirocco popolare, hoffe um den Arbeitsdienst herumzukommen. Schließlich habe ich ziemlich meine ganze Lebensarbeit eingebüßt pour le roi de Prusse. Wie werden wir Künstler uns wieder zur Arbeit finden nach dem Kriege? Wer wird überhaupt noch da sein? Augenblicklich zittre ich für 2 junge Kollegen und Freunde, die in Holland eingesetzt sind.

‚Drum so wandle nur wehrlos fort durchs Leben und sorge nicht' sagt Hölderlin zu uns. Nehmen wir uns das zu Herzen! – Sie schreiben sehr freundlich über mich und meine Arbeit; ich will nur sagen, daß ich bisher noch ein gutes Gewissen habe und dafür meinem Schöpfer danke. Der alte Maillol ist – Ironie des Schicksals – durch ein Auto zu Tode gekommen, als hätte die Technik in ihm einen Widersacher zu bekämpfen. Aber sein Tod nützt der anderen Welt nichts: er scheint mir unsterblich, und die Maximen, die er uns wieder vor Augen geführt hat, vor allem: *das Maaß,* die werden viele heutige Größen und Parolen überdauern.

Lassen Sie uns ebenso klar und einfach im Verstande, so fein und naiv im Gefühl sein wie er, so können wir wenigstens nicht falsch gehn.

Von Gilles weiß ich nur, daß er umgezogen sein soll – er hat mir sehr lange nicht mehr geschrieben. Da die meiste Post jetzt verloren geht, hört man nur noch wenig von den alten Freunden, die noch am Leben sind.

Geben Sie gelegentlich wieder Nachricht, und alles Gute!

Auf Wiedersehn!
Ihr Gerhard Marcks" [11]

Atelier im Hühnerstall

Als Kurt Lehmann 1945 aus dem Krieg heimkehrte, lag Kassel genauso in Trümmern wie die meisten großen Städte in Deutschland. Das ehemalige Reich war in vier Besatzungszonen aufgeteilt worden, in denen Amerikaner, Briten, Franzosen und Russen regierten. Wenige Jahre später, nach der Gründung der Bundesrepublik und der Deutschen Demokratischen Republik, fiel der sogenannte Eiserne Vorhang, der 40 Jahre lang nicht nur Deutschland, sondern auch Europa, ja die ganze Welt in zwei von den Großmächten mit Atomwaffen hochgerüstete feindliche Lager trennte. Lehmann schildert die ersten von Hunger und Entbehrung heimgesuchten Nachkriegsjahre:

„Nachdem die Kriegsschrecken verraucht waren, die mich durch Osten und Westen schickten, kam ich nach Hause und fing mühsam auf dem Fensterbrett einer Notwohnung wieder zu arbeiten an – mit einem Stück Draht als Gerüst, das ich auf der Straße fand. Atelier, Werkstatt und alle Arbeiten waren zerbombt. Da in Kassel kein Atelier heilgeblieben war, baute ich mir auf dem Grundstück eines Freundes aus einem Hühnerstall ein Atelier. Dieser Freund, Dr. Georg Stieger, Arzt und Sammler, hielt seine schützende Hand seit 1926 über meine Arbeit. Als ich den Atelierbau in Angriff nahm, war die Zeit, in der nichts zu bekommen war. Die Balken habe ich zum Teil stundenweit über Land selber auf einem Handkarren herangefahren. Das Atelier stand zwischen hohen Waldbäumen mit Eichhörnchen und Eulen und allen erdenklichen Lebewesen, eigene und fremde Kinder drumherum."[12]

Während der ersten Zeit nach dem Zusammenbruch von 1945 beansprucht neben einigen Porträts und kleinen Tierplastiken die menschliche Figur aufs neue das Hauptinteresse des Künstlers. Dabei knüpft er an die bewegten Darstellungen junger Menschen an. Sie dienen ihm dazu, die Eroberung des Raumes durch den Körper zu studieren. Genauso gut läßt sich dieser Vorgang auch umgekehrt beschreiben: Der Raum dringt in die Figur ein, indem er sie quasi durchbricht. Der „Spielende Junge" (Abb. unten) ist dafür ein gutes Beispiel. Das Kind, andeutungsweise mit einer kurzen Hose bekleidet, kniet auf dem Boden. Mit der linken Hand schiebt es eine Garnrolle oder irgendein anderes einfaches Spielzeug vor sich her. Mit dem rechten Arm stützt es sich ab, wobei die Hand flach auf der Plinthe liegt. Der Kopf ist stark vornüber gebeugt, der Blick auf das Spielzeug gerichtet. In der Seitenansicht bietet die Skulptur eine außerordentlich dynamische Kontur. Angeregt zu dieser Arbeit wurde Kurt Lehmann durch das genaue Betrachten einer alltäglichen Situation. Bei der plastischen Umsetzung wurde sie dann durch formale Beschränkung auf das Wesentliche aus der Alltäglichkeit abgehoben. Ein für Lehmann typisches Vorgehen.

Spielender Junge, 1945, Bronze, H.: 12 cm

*Zusammen-
brechender Knabe,*
1946, Bronze,
H.: 29,9 cm

Gestürzter, 1947, Ton, B.: ca. 30 cm

Es ist kein großer Schritt von diesem Werk zu dem „Zusammenbrechenden Knaben" (Abb. S. 27), dem „Schlafenden Jungen" (Bronze, 1946/49, H.: 26,6 cm) und dem „Sinnenden" (Abb. S. 22 oben rechts) bis hin zu dem „Jungen mit Tuch" (Abb. S. 24). Bei allen diesen Figuren wird der Künstler nicht müde, das Thema Durchdringung des Volumens zum Raum hin und die wechselseitige Beziehung der einzelnen Teile zueinander in immer neuen Variationen zu erproben. Man könnte geradezu von einer Versuchsreihe sprechen. In dieser Reihe haben neben der „Geblendeten" (Abb. S. 24) und einer „Hockenden" (Bronze, 1948/50, H.: 25,5 cm) auch die Gewandfiguren „Verlassene" (Terrakotta, 1946, H.: ca. 28 cm) und ein „Hockendes Kind" (Abb. S. 25) ihren Platz.

Bei den beiden zuletzt genannten Arbeiten beschäftigt den Künstler die Binnengliederung des blockhaften Volumens. Zwar dienen auch hier die Anordnung der Gliedmaßen und die Neigung von Kopf und Körper dazu, das Gesamtbild für den Betrachter zu klären, aber der umgebende Raum wird weitaus sparsamer in die Komposition einbezogen. Stattdessen erhält die Fläche eine sehr viel größere Bedeutung; bald ist sie gerade, bald gerundet, oder sie gewinnt Dynamik durch eingegrabene Linien, Abbrüche, Ecken und Kanten. Im allgemeinen hat der Künstler bei allen diesen meist kleinen Arbeiten die Naturform maßvoll vereinfacht, doch gibt es durchaus Unterschiede hinsichtlich des Grades der Abstraktion. Gemeinsam ist nahezu allen, daß Haltung und Gesichtsausdruck Nachdenklichkeit, Enttäuschung, Schmerz und Trauer ausdrücken. Den heiteren, der Welt zugewandten Blick, den die Figuren aus den dreißiger Jahren noch besaßen, sucht man vergebens. Der Krieg und die Not der ersten Jahre danach haben die Menschen gezeichnet. In der schon erwähnten „Verlassenen", aber auch in der blockhaften, nur 10 cm hohen Terrakotta „Ruhe auf der Flucht" (1948) weisen schon die Titel auf diesen Hintergrund hin.

Der „Zusammenbrechende Knabe" zählt für Lehmann zu einem seiner wichtigsten Werke. In ihm haben sich die Erlebnisse und Empfindungen des aus Krieg und Gefangenschaft heimgekehrten Künstlers zu einer Gestalt verdichtet, die ihn sein Leben lang in seinem Inneren begleiten sollte. Auslösendes Moment für das Entstehen der Plastik war der Bericht einer Bekannten über eine Bombennacht in Kassel. Lehmanns kleiner Sohn hatte, weil

Wilhelm Lehmbruck, *Der Gestürzte*, 1915/16, Steinguß, H.: 75 cm

er an der Ruhr erkrankt war, nicht in den schützenden Stollen mitgenommen werden dürfen. Nun saß er ebenso wie seine verzweifelte Mutter bis zum letzten erschöpft vor dem Eingang zum Bunker. Auch heute noch kann Lehmann seine Erschütterung nicht verbergen, wenn er diese Situation schildert.

In diesem Zusammenhang liegt es nahe, eine absichtlich bislang nicht beachtete Figur, den „Gestürzten" (Abb. S. 28), fast eine liegende Variante des „Zusammenbrechenden Knaben", näher zu betrachten. Die Skulptur des Jungen mit einem Bauklotz auf dem Teppich erscheint zunächst fast wie ein Flechtwerk aus Körper und Gliedern. Doch der Eindruck täuscht. Hier bietet sich vielmehr eine durchaus überschaubare Zusammenfügung fließender „dreidimensionaler Linien" an, die durch den am Boden liegenden Kopf, die hohe Wölbung des Rückens, durch Arme, Beine und die senkrecht auf die Zehen gestellten Füße gebildet wird. Linie, Volumen, Fläche und Raum, diese Urelemente der Bildhauerei, sind wie absichtslos miteinander verbunden. Von tektonischem Aufbau der Figur kann hier keine Rede sein, sie wirkt im Gegenteil ganz organisch, ja man könnte sich an herabgefallenes Astwerk erinnert fühlen. Erst als die Plastik vollendet war, wurde dem Künstler, zunächst von der Formensprache her, der Zusammenhang mit dem „Zusammenbrechenden Knaben" bewußt, und er gab ihr den Namen „Gestürzter". Damit erhielt die Arbeit einen ganz anderen Sinn.

Dieser „Gestürzte" läßt natürlich an Wilhelm Lehmbrucks „Gestürzten" (Abb. oben) denken, ein architektonisch gebautes expressives Werk mit sinnbildhaftem Gehalt. Das Scheitern jugendfroher Hoffnungen, der Absturz in die Verzweiflung, ein seelischer Zustand also, der den Künstler wenige Jahre darauf dazu trieb, seinem Leben selber ein Ende zu setzen, sind in dieser Plastik stellvertretend für das Schicksal einer ganzen Generation in einem Kunstwerk dokumentiert worden. Lehmann hat sich mit Lehmbrucks Schaffen, von dem er sich ungewöhnlich stark angesprochen fühlte, intensiv auseinandergesetzt – wer von seinen Altersgenossen hätte an ihm vorbeigehen können! Auch Werke von Gerhard Marcks, Ernst Barlach, Hermann Blumenthal, Hans Mettel, Henri Laurens, Edwin Scharff, Ludwig Kasper und Gustav Seitz schätzt er sehr. Mit manchen von ihnen verkehrte er freundschaftlich. Dennoch wäre es töricht, danach zu fahnden, ob und wie der eine vom anderen beeinflußt worden ist. Was besagt es schon für die eigene Leistung, wenn auch andere zu ähnlichen Lösungen eines formalen Problems finden oder die gleiche Thematik aufgreifen? Alle stehen unter dem Gesetz der Zeitgenossenschaft. Wäre es anders, könnte sich kein Stil, könnten sich keine Richtungen oder künstlerische Gruppierungen bilden. Goethe hat sich zu diesem Fragenkreis in einem Brief an seinen Freund, den Komponisten Karl Friedrich Zelter (7.11.1816), ebenso knapp wie deutlich geäußert: „Die sämtlichen Narrheiten von Prä- und Postokkupationen, von Plagiaten und Halbentwendungen sind mir so klar und erscheinen mir läppisch. Denn was in der Luft ist, und was die Zeit fordert, das kann in hundert Köpfen auf einmal entspringen, ohne daß einer dem andern abborgt."

An dieses Goethewort sollte sich auch jedermann erinnern, der meint, Lehmann habe sich bei seinem „Stürzenden" von der Skulptur Lehmbrucks beeinflussen lassen. Die Entstehungsgeschichte von Lehmanns Figur läßt keinen Zweifel, daß dies nicht der Fall ist. Überdies wird an diesem Beispiel deutlich, wie leicht Vergleiche in die Irre führen können.

Neben wenigen kleinen Tierplastiken entstehen um 1946, als man sich vielerorts wieder auf christliche Werte besinnt, auch einige Arbeiten mit religiöser Thematik, so ein kleines Eisengußrelief „Die Heilige Familie" (B.: 27,9 cm) und ein Terrakottarelief „Christi Geburt" (1946, H.: 25,2 cm). Auch einige Jahre später reizen den Künstler abermals die Ausdrucksmöglichkeiten des Reliefs. „Diana" heißt eines, wieder in Eisenguß (Abb. S. 55). In dem hohen Rechteck steht die Figur der römischen Göttin der Jagd. Die Gestaltungselemente des Reliefs, Fläche, Linie und angedeutete Plastizität, wirken harmonisch zusammen.

Mittlerweile hatten sich Lebensumstände und Arbeitsbedingungen für Kurt Lehmann und seine noch um zwei Töchter gewachsene Familie verbessert. 1947 konnte die alte Wohnung, nachdem das Haus vom amerikanischen Militär geräumt worden war, wieder bezogen werden. In dem vom Künstler selbst gebauten Atelier war es endlich möglich, auch wieder größere Werke in Angriff zu nehmen. „In diesem Atelier", so berichtet der Sohn, „entstand als eine der ersten großen Arbeiten die ‚Sitzende', die den Kunstpreis der Stadt Köln gewann und uns über Nacht zu ‚wohlhabenden' Leuten machte. Bisher hatte ich nie bemerkt, daß wir eigentlich recht arm gewesen sein müssen."[13]

In der „Großen Sitzenden" (Abb. S. 31) fließen alles Können und alle Erfahrungen zusammen, die der Künstler in seinem bisherigen Bildhauerleben erworben hat. Hoch aufgerichtet sitzt die lebensgroße Figur einer unbekleideten jungen Frau auf einer sich nach hinten verjüngenden Grundplatte. Mehrere Durchbrüche verleihen der im Grunde blockhaft empfundenen Gestalt Lebendigkeit. Diese wird gesteigert durch eine in späteren Skulpturen häufig zu beobachtende Drehung des Oberkörpers gegen den Unterkörper, durch eine Verschiebung der Achsen. Am Kopf fallen die hellwachen Knopfaugen auf, aus denen der Künstler seine Gestalten auch später gern in die Welt schauen läßt. So kraftvoll und dynamisch das Werk sich präsentiert, so sind alle seine großzügig behandelten Formen bis auf die scharfkantige Haarpartie harmonisch gerundet. Die glatte Oberfläche läßt die innere Gespanntheit des Körpers spüren, sie erscheint wie eine Haut, die atmet.

Um ein Haar hätte Lehmann den Kölner Kunstpreis nicht erhalten, und zwar wegen eines Transportproblems. Als er die Figur zur Ausstellung an den Rhein schicken wollte, fand er keine passende Kiste, sondern nur eine etwas zu kleine. Die Figur ging zwar hinein, aber der Kopf blieb draußen. Was tun? Er erinnerte sich an ein Vogelbauer, dem ein viereckiges Glasgefäß als Vogelbad vorgehängt wird. Das brachte ihn auf die Lösung. Mit ein paar Brettern fügte er einen Extrabehälter für den Kopf an, und die sonderbare Kiste ging auf die Reise. In Köln hatte man den ungewöhnlichen Behälter zunächst in einer Lagerhalle gestapelt, ohne zu wissen, um was es sich handelte. Als Kurt Lehmann eintraf, konnte er jedoch seine „Vogelbauer-Kiste" rasch aus dem Berg der übrigen Kisten herausfinden und damit die Teilnahme an der Ausstellung sicherstellen.

Nach Hannover

Der gewichtige Kunstpreis machte Lehmann über den bisherigen Wirkungskreis hinaus bekannt. Die Hochschulen in Köln, Münster in Westfalen und Hannover boten ihm Lehrstühle an. Er entschied sich für Hannover. Und es war gut so, für ihn und für die Stadt. In Hannover hatte gerade unter Leitung Alfred Hentzens die Kestner-Gesellschaft, die alsbald ein im In- und Ausland hochgeschätztes Kunstinstitut werden sollte, in einem aus Trümmern aufgebauten Haus in der Warmbüchenstraße ihre Ausstellungstätigkeit wieder aufgenommen. In einem unvergessenen Nachholkurs zeigte sie Werke von Künstlern, die während der nationalsozialistischen Diktatur verfemt waren, von Emil Nolde, Pablo Picasso, Max Beckmann, Werner Gilles, Gerhard Marcks, Hermann Blumenthal, Werner Held, Rolf Nesch und anderen Meistern der klassischen Moderne. In Hannover lebten bedeutende Sammler und Mäzene wie Bernhard Sprengel, dem die Stadt Jahrzehnte später das nach ihm benannte Museum für zeitgenössische Kunst verdanken sollte, ferner Wilhelm Stichweh, Hermann Bahlsen und die Familie Beindorff.

Die ehemalige Residenz der Welfen war in den zwanziger Jahren auch die Stadt des MERZ-Künstlers Kurt Schwitters und der von ihm gegründeten „abstrakten hannover" mit Carl Buchheister, Rudolf Jahns, Friedrich Vordemberge-Gildewart, Hans Nitzschke und César Domela gewesen, die Hannover zu einem der Zentren der konstruktivistischen Kunst gemacht hatten. Zur gleichen Zeit hatte Alexander Dorner im damaligen Provinzialmuseum, dem heutigen Landesmuseum, in Zusammenarbeit mit El Lissitzky und Lásló Moholy-Nagy, das erste abstrakte Kabinett in einer öffentlichen Sammlung überhaupt eingerichtet. Last but not least hatten zwischen 1920 und 1930 auch die Maler der Neuen Sachlichkeit aus dem Kreis um Erich Wegner, Grethe Jürgens und Ernst Thoms über die Grenzen der Region hinaus Aufmerksamkeit gefunden – ebenso wie der gedankentiefe expressionistische Einzelgänger Otto Gleichmann. Zwar war alles dies Vergangenheit, als Kurt Lehmann nach Hannover kam, aber es lag noch nicht so weit zurück, daß es vielen, die sich mit Kunst beschäftigten, nicht doch noch gegenwärtig gewesen wäre. Ein gewisses Interesse für zeitgenössische Kunst lebte in der Bevölkerung, die nach dem Krieg kulturell geradezu ausgehungert war, weiter fort. Es wurde nicht zuletzt auch durch die schon erwähnte Kestner-Gesellschaft, den Kunstverein und die Museen gefördert. Also Voraussetzungen genug für das Gedeihen eines guten Kunst-Klimas.

Als weitere günstige Umstände kamen hinzu, daß zum einen der städte- und verkehrsplanerisch weit vorausblickende Stadtbaurat Rudolf Hillebrecht den Neuaufbau des zertrümmerten Hannover auf unkonventionelle Weise vorantrieb, und daß zum anderen mit dem Oberstadtdirektor Karl Wiechert und dem späteren Kulturdezernenten Heinz Lauenroth zwei Männer in verantwortlichen Spitzenpositionen standen, die noch wußten, daß Kunst zu einem menschenwerten Leben unverzichtbar dazugehört, wenn es denn so genannt werden darf. So beschlossen Rat und Verwaltung bereits 1949 einmütig den Wiederaufbau des kriegszerstörten Opernhauses, obwohl damals der

Sitzende, 1956, Bronze, H.: 26 cm

Große Sitzende, 1948, Bronze,
H.: 100 cm

Kurt Lehmann als Lehrer: Studentenarbeit zum Thema „Beziehung zweier Körper zueinander"

Schutt in der Stadt sich noch zu Bergen häufte. Schon ein Jahr darauf konnte der klassizistische Lavesbau wieder eröffnet werden, ein Datum, das auch für Kurt Lehmann besondere Bedeutung erhalten sollte.

Ein Bildhauer unter Architekten

Lehmann also in Hannover. Was soll ein Bildhauer an einer Technischen Universität? Natürlich hatte der Künstler sich diese Frage genau überlegt, bevor er seine Zusage für Hannover gab, um die Nachfolge des urbajuwarischen Ludwig Vierthaler anzutreten. Seine Antwort legte er in den „Grundgedanken plastischer Gestaltung" dar:

„Ich habe in meinem Unterricht die Studierenden nicht zu Schmalspurbildhauern auszubilden, sondern das mit ihnen zu arbeiten, was sie nachher als Architekten ‚eventuell' gebrauchen könnten:
Z. B. Formvorstellungen zu klären, Maßstäbe zu entwickeln und zueinander setzen, gestalterische Phantasie anzuregen. Alles soll direkt durch eigenes Formen erlebt werden und in das Bewußtsein eingehen.
Die drei Bauelemente, aus denen Architektur sich zusammensetzt, sind seit Urzeiten: Fläche, Raum und Körper.
Um damit zu gestalten, muß man Fläche, Raum und Körper nicht nur berechnen und konstruieren können, sondern die Studenten müssen auch Erfinden lernen. Auch der Bildhauer gestaltet mit Fläche, Raum und Körper, und darum fühlt er sich (wenigstens mir geht es so) beim Architekten mehr am Platze.
Einige von den Studenten kommen in der Voraussetzung in meinen Unterricht, nach reizenden Modellen Aktfigürchen bauen zu können, und sind erstaunt, daß sie als erstes einen Klumpen Ton in die Hand bekommen, ein grob zugeschnittenes Stück Holz und ein Schnitzmesser; und daß sie erst mal das Werkzeug, ein Modellierholz, selbst schnitzen müssen, mit dem man Ton wegnehmen und auftragen kann. Damit haben sie die Grundelemente des Formens: ein Positiv und ein Negativ schaffen." [14]

Als 21 Jahre später – 1970 – Kurt Lehmanns Emeritierung anstand, trugen er selbst, der Bildhauer Siegfried Zimmermann sowie die Assistenten und Hilfsassistenten des Lehrstuhls, unterstützt von einigen Professoren des Fachbereichs Architektur unter dem Titel „Modellieren" eine „Dokumentation von Studentenarbeiten 1949–1970" zusammen. In Form eines Bildbandes gibt sie Aufschluß über das Was und Wie der Arbeit mit den Studenten. „Seine besondere Fähigkeit, den individuellen Lernprozeß durch intensives Einfühlungsvermögen und behutsame Führung zu fördern", so heißt es in der von Diether Heisig, Dieter Hornig und Siegfried

Zimmermann verfaßten Einleitung, „trug dazu bei, die Absicht des Einzelnen aufzuspüren und ihm deutlicher zu machen." [15]

Der Band zeigt Ergebnisse der Pflichtübungen bis zum Vorexamen und Arbeiten von Wahlfachstudierenden vom 5. Semester an, vom Lehrstuhl gestellte Aufgaben sowie frei gewählte Themen. Da heißt beispielsweise eine Aufgabe für Anfänger: „Zwei einfache Körper (hochgestellt und gelagert) sollen durch entsprechende Bearbeitung in erkennbare klare Beziehung gebracht werden.

Der einzelne Körper ist so zu bearbeiten, daß der Raum eindringt, und die Formsubstanz sich gegen den Raum absetzt." Eine andere Aufgabe verlangt: „Aus einer vorgegebenen Flächengliederung soll die dritte Dimension entwickelt werden.

Mögliche Weiterentwicklung durch Veränderung: 1. Umkehren in die Negativform (Gipsabguß). 2. Zerteilen und Gruppieren der so entstandenen Teile zu einem neuen Ganzen." [16]

Es folgen dann Abbildungen verschiedener Lösungsmöglichkeiten (Abb. oben und S. 33).

Die Erkenntnisse, die Lehmann während der ersten Jahrzehnte seines Bildhauerlebens gewann, kehren in diesen Formulierungen als exakt beschriebene Forderungen wieder. Es sind Bestandteile einer Grundlehre, die dennoch jedem einzelnen im Rahmen des von ihm Verlangten seine individuelle Freiheit läßt. Diese Freiheit gewährt Lehmann – für ihn selbstverständlich – auch den höheren Semestern, wenn sie etwa nach Modell porträtieren oder Figuren modellieren. Stets geht es dabei um „Analysieren und Umsetzen plastisch-räumlicher Gegebenheiten". Was für ein guter Lehrer Lehmann war, läßt sich allein daran ablesen, daß er niemals versucht hat, „kleine Lehmänner" heranzubilden.

Mit besonderer Liebe nahm sich Kurt Lehmann eines Spezialgebietes, der Herstellung von Gefäßen, an. „Gefäß: gestalten von Innen- und Außenraum durch Wandlung" – so wird die Aufgabe beschrieben. Sie zu erfüllen, ist für den Lehrer und Künstler mehr als ein nur handwerkliches Tun. Wenn seine Studenten zum erstenmal einen Tonklumpen in einen Topf verwandeln sollten, wies er sie auf ein Gedicht von Laotse hin:

„Der rechte Raum

Aus dem Ton entstehen Töpfe,
Aber das Leere in ihnen erwirkt das Wesen des Topfes –
Mauern und Türme und Fenster bilden das Haus,
Aber das Leere zwischen ihnen erwirkt das Wesen des Hauses.
Das Stoffliche birgt Nutzbarkeit,
Das Unstoffliche birgt Wesenheit."

Lehmann schätzt die Weisheit dieser altchinesischen Zeilen ganz besonders und wendet sie auch auf den Menschen an.

Ein Atelier in Herrenhausen

Die Tätigkeit an der Hochschule ließ ihm genügend Zeit für eigene Arbeiten. Das war auch notwendig, denn der Bildhauer Kurt Lehmann sollte auf seine Weise mit zum Aufbau des neuen Hannover beitragen. Die Oberen der Stadt hatten ihn sozusagen fest dafür eingeplant. Um ihm sein künstlerisches Wirken zu erleichtern, ließen sie in einer Ecke des Großen Gartens in Herrenhausen für ihn ein Atelier mit einem Steinhof bauen, eine ideale Arbeitsstätte. Nicht weniger ideal war seine Wohnung fast gegenüber in dem schönen großen ehemaligen Haus des Gartendirektors in der Alten Herrenhäuser Straße gelegen. Das Haus wurde in den folgenden Jahren zu einer Begegnungsstätte von Kunstfreunden und Künstlern der verschiedensten Disziplinen. Zu den Gästen zählten u. a. Alexander Calder, der Erfinder der Mobiles, der Maler Werner Gilles und der jüdische Religionsphilosoph Martin Buber, der wie einer der Erzväter aus der Bibel aussah. Aus Hannover kamen des öfteren der Direktor der Kestner-Gesellschaft Alfred Hentzen, der Fabrikant, Sammler und Mäzen Bernhard Sprengel, der Bühnenbildner Rudolf Schulz und der Schauspieler und Intendant Kurt Ehrhardt. Sie alle trugen dazu bei, daß sich in Lehmanns Domizil ein Zentrum der Künste und des Geistes etablierte, selbstverständlich ein heiteres, denn ein anderes hätte nicht zur Wesensart des Gastgebers gepaßt.

Von seiner Wohnung aus bot sich ihm ein panoramaartiger Blick über den Großen Herrenhäuser Garten, dieses nach den Kriegszerstörungen wieder hergerichtete und sorgsam gepflegte Juwel barocker Gartenkunst, das seine vollendete Gestalt der Kurfürstin Sophie, Gemahlin Ernst Augusts, verdankt. Mit seinen genau abgezirkelten Rasenflächen und Blumenrabatten, den Springbrunnen und den kilometerlangen Hainbuchenhecken verbindet der Garten Natur und Architektur auf eine für Norddeutschland einzigartige Weise. In der Symmetrie der Anlage spiegelte sich nach Auffassung des Barockzeitalters die Ordnung des Universums wider. Hier war gut Lustwandeln. Und die Kurfürstin, ihre Tochter Sophie Charlotte und der Philosoph Gottfried Wilhelm Leibniz taten es mit Vergnügen.

Auch von Lehmanns Atelierfenster ging der Blick über einen Teil des Gartens hin. Er hatte ständig die Natur vor Augen, war Zeuge immerwährenden Wachsens und Vergehens. Busch und Baum, Himmel und Wolken gehörten mit zu seinem Atelier, nährten sein Gefühl für Maß und Maßstab. So war es jahrelang in Kassel, und so sollte es später in Staufen im Breisgau nicht anders sein. Fast immer in unmittelbarer Zwiesprache mit der Natur: ein Glücksfall für einen so sensiblen Menschen, der die Welt und ihre Geschöpfe liebt.

Kurt Lehmann als Lehrer:
Studentenarbeit zum Thema „Plastische Gliederung einer Fläche"

Türgriff-Figuren am Opernhaus Hannover (von links nach rechts): *Narr*, Vorder- und Rückansicht, *Tänzerin* und *Mädchen mit Maske*, 1950, Bronze, H.: 22–24 cm

Über Mangel an Aufträgen kann sich der Neu-Hannoveraner nicht beklagen. Zunächst soll er für das wiederaufgebaute Opernhaus sechs bronzene Türgriffe machen. Er verbindet die etwa 22 bis 24 cm großen Gewandfiguren einer Tanzenden, eines Narren, einer Ausschauenden, eines Mädchens mit Maske, einer Horchenden und eines Flötenspielers geschickt mit dem Griffbügel der schweren Glastüren (Abb. S. 34–36). Wer sie öffnen will, muß eine dieser Gestalten, deren Herkunft aus der Welt des Theaters sogleich zu erkennen ist, um den Leib fassen. Sie stimmen den Besucher schon beim Betreten des Gebäudes auf das ein, das ihn drinnen erwartet. Bei aller Beschränkung auf das Wesentliche hat jede dieser Figuren dennoch ihren ganz eigenen Charakter. Erstaunlich, wie sehr der Künstler die langen Gewandpartien, die den eigentlichen Griff bilden, abzuwandeln versteht. Andeutung der Körperformen, Hüftschwung, wechselnde Stellung der Füße und, immer wieder, Verschiebung der Körperachse durch leichte Drehung: dies sind ihm die wichtigsten Gestaltungsmittel. Besonders gut läßt sich seine Arbeitsweise an der Figur des Narren studieren, vor allem wenn man außer der Vorderseite auch die Rückseite betrachtet. Es scheint, als halte er inmitten einer Drehbewegung plötzlich inne. Konvexe und konkave Flächen sind gegeneinander gesetzt, fließende Umrißlinien und hier scharf, dort weich eingeschnittene Linien heben Teilformen heraus. Öffnungen an der Nar-

renkappe und an den Beinen ziehen den Umraum in die Skulptur hinein. Und erst die Schrittstellung! Sie verrät, wie beweglich dieser Herr ist. Sein rechter Fuß will schon über die Grundplatte hinaus. Der pfiffige Eulenspiegel-Blick und der erhobene Zeigefinger scheinen dem Theaterbesucher zu bedeuten, daß jedes Ding mindestens zwei Seiten hat und es sich lohnt, beide zur Kenntnis zu nehmen. Es macht Freude, hier mit fühlendem Aug' zu sehen und mit sehender Hand zu fühlen, wie es Goethe in den „Römischen Elegien" tut.

Wie durch Verdrehen der Körperachse Bewegung erzeugt wird, läßt sich beispielhaft auch an der „Umschauenden" (Abb. S. 65) studieren. Diese am Leibnizufer in Hannover stehende Skulptur mit ihren rhythmisch fließenden, positiv und negativ geformten Flächen vereint überzeugend konstruktive und organische Elemente.

Eine ganz andere Formvorstellung verwirklicht Lehmann in der Figur aus Muschelkalk „Junge mit Vogeltränke" (Abb. S. 46) für den Hof einer hannoverschen Volksschule. Der Knabe, verhältnismäßig stark abstrahiert, hockt auf dem Boden und hat seine ausgestreckten Arme auf die Knie gelegt. Zwischen den Armen gibt es keinen Durchbruch, der Raum ist vielmehr für eine Höhlung genutzt, die als Tränke für die Vögel ausgebildet wurde. Die Gestalt ist eindeutig architektonisch aufgebaut. Es fällt nicht schwer, sich den Steinblock vorzustellen, aus dem sie herausgehauen wurde.

Türgriff-Figuren am Opernhaus Hannover (von links nach rechts): *Horchende, Flötenspieler* und *Ausschauende*, 1950, Bronze, H.: ca. 22–24 cm

Große Aufträge

Lehmann fand rasch Anerkennung in Hannover. Schließlich war er kein ganz Unbekannter, denn er hatte hier 1949 schon ausgestellt. Darauf spielt der Kritiker Johann Frerking in einem Beitrag an, den er nach einem Atelierbesuch in der Hannoverschen Allgemeinen Zeitung vom 15. April 1950 veröffentlicht hat:

„In der ersten Ausstellung der neugegründeten ‚Niedersächsischen Sezession' im vorigen Frühjahr sahen wir zum ersten Male in Hannover eine größere Reihe von Arbeiten des damals noch in Kassel ansässigen Bildhauers Kurt Lehmann: Porträtköpfe, sitzende, stehende, sinnende, kauernde, kniende, spielende Knaben und Mädchen, auch einige Tierfiguren, teils in Bronze, teils in Terrakotta, dazu eine Folge von Bildhauerzeichnungen. Es war die größte, geschlossenste, bedeutendste Darstellung einer künstlerischen Persönlichkeit innerhalb des Ganzen, und sie wurde, bei neuen Besuchen, immer mehr zum Mittelpunkt, in Wahrheit zum ruhenden Pol in der Flucht der vielfältigen, mehr oder weniger vom Zeitenwind aufgeregten und erregenden Erscheinungen.

Denn hier tat sich etwas kund, das von ferne an Adalbert Stifters ‚sanftes Gesetz' erinnerte: große, ruhige Selbstverständlichkeit schlichten Daseins und Soseins, fern aller fingerfixen Routine, fern, sternenfern allem Krampf, Geschrei und Geschwätz des Tages. Hier schuf ein Mann, der das Seine aus dem Grunde gelernt hatte und dem alle großen Meister von den alten Ägyptern bis zu Meunier, Rodin, Maillol und Kolbe vertraut waren, mit gefühliger, gelassener Hand, was ihm lieb war und aufbehaltenswert erschien: die Gestalten und Inbilder seiner Welt. Es war eine der stärksten, eine der tröstlichsten Begegnungen all dieser Jahre."

Zu dieser Zeit stellt Lehmann vier überlebensgroße Figuren für das Bahlsen-Haus, heute Schuhhaus Gisy, im Herzen Hannovers Ecke Georgstraße/Große Packhofstraße, fertig: einen Jungen mit Lendentuch, eine junge Frau mit Tuch, eine Mädchengestalt und einen Jungen, in ein Tuch gehüllt. Die Skulpturen ähneln in der Konzeption denen der Opernhaus-Türgriffe und heben das ohnehin anspruchsvolle Gebäude zusätzlich aus seiner Umgebung hervor (Abb. S. 48). Welchen Widerhall diese Arbeit Kurt Lehmanns bei der Kritik fand, zeigt eine Besprechung Friedrich Rasches in der Hannoverschen Presse vom 29. Dezember 1951. Darin heißt es u. a.: „Buchstäblich über Nacht hat sich ein Haus verwandelt, indem es seine Front mit erlesenen Werken der Bildhauerei schmückte ... Was sich hier vollzogen hat, ist eine Art Krönung jenes grundsätzlich begrüßenswerten baulichen Bemühens, das zweckhaft Sachliche mit dem Schönen zu verbinden. Hoch über den Köpfen der Passanten stehen nun, auf eingelassenen Konsolen, vor den Arkadenpfeilern des Bahlsen-Hauses vier steinerne Figuren.

Es sind Vollplastiken; durch nichts mit der Wand verbunden, stehen sie frei und abgehoben im Raum, und in dieser luftigen Freiheit gewinnen sie eine wundervolle Leichtigkeit. Was noch erstaunlicher ist: Erst jetzt erscheint die Arkadenfront als fertig, die Gliederung der Pfeiler und Bögen ist in ihr richtiges Verhältnis gekommen, die Figuren wirken also keineswegs als etwas willkürlich Zusätzliches, sondern als organisch hinzugewachsen. Das ist ein ganz neuer Eindruck.

So sind vier Gestalten entstanden, die in der guten alten Bildhauerterminologie als Stehende, Lauschende, Schauende zu bezeichnen wären. Es sind schlichte und einleuchtende Gleichnisse menschlicher Haltung."

Der Umgang mit den jungen Leuten an der Hochschule beflügelte Kurt Lehmann, setzte neue Kräfte frei, was nicht unbedingt verwundert, denn schon von Anfang an hatte er sich am liebsten mit heranwachsenden Menschen, mit Kindern, jungen Frauen und jungen Männern beschäftigt und sich durch sie zu vielen Skulpturen anregen lassen. Vielleicht – und das gilt bis ins hohe Alter hinein – fühlt er sich ihnen wesensverwandt, denn ähnlich wie sie betrachtet er die Welt meist mit heiterer Unbekümmertheit und Vertrauen in den Lauf der Dinge, weit davon entfernt, sich den freien Blick durch Probleme zu verstellen.

Diese Haltung spricht in besonderem Maße auch aus den Werken, die während der ersten Jahre in Hannover vollendet werden. Es sind viele. Darunter die straffe, ein wenig abweisend strenge junge „Badende" (Abb. S. 49), die im Innenhof des NDR-Landesfunkhauses auf einem hohen Sockel an einem Wasserbecken ausruht; eine kleine „Sitzende mit ausgestreckten Beinen", ein origineller Akt mit kiebigem Blick (1952, Bronze, H.: 27 cm); und die Brunnenfigur „Mädchen im Regen" (Abb. S. 43). In diesen Zusammenhang gehört auch der „Ruhende Mann", den es als kleine Bronze (1952, H.: 42 cm) und lebensgroß in Muschelkalkstein gibt (Abb. S. 42). Da liegt der Mann ganz gelöst und bequem auf dem Rücken, die Arme dicht hinter dem Kopf verschränkt, das rechte Bein über das linke geschlagen. Das Gesicht ist als leichte Wölbung mit gerader Nasenpartie aus dem Volumen des stark vereinfachten Körpers herausgehoben. Der Blick scheint zu fragen: Läßt man mich in Ruhe? Mit Recht hat einmal jemand gesagt, dieser ruhende Mann sei sein eigenes Sofa. Das ist gut beobachtet, denn in der Tat hat die sanfte Biegung des Körpers, namentlich die Krümmung des Rückens etwas so Gemütliches, wie man es beim Liegen in einer Hängematte empfindet. Die Figur hat übrigens eine kleine private Vorgeschichte. Lehmann war verreist und wollte seiner Frau abends noch einen Brief schreiben. Aber er war zu müde. Da zeichnete er kurz entschlossen mit wenigen Strichen, was er selber in diesem Augenblick zu sein wünschte: ein ruhender Mann (Abb. unten). Das war die Geburtsstunde der späteren Plastik. Staunenswert, wie klar die winzige Gutenacht-Zeichnung schon alles Wesentliche des Kunstwerks enthält.

Zu den bekanntesten Arbeiten der frühen fünfziger Jahre zählen die „Spielenden Kinder" (Abb. S. 51), die in einer Brunnenanlage in Hannovers Grupenstraße und als zweiter Guß im Köln-Deutzer Rheinpark zu sehen sind. Auch dieses Werk hat seine eigene Entstehungsgeschichte, eine, die typisch ist für Lehmanns Weg von der Idee zur fertigen Skulptur. Ein ganz spontaner Einfall steht oft am Beginn dieses Prozesses. Noch in Kassel, 1946, skizzierte er seinen Sohn beim Spielen mit seiner kleinen Schwester Katharina. Später folgten weitgehend abstrahierte Zeichnungen, in der die Haltung der beiden Kinder in einem Bewegungsschema festgehalten war. Der Künstler schrieb dazu (Brief an den Verf.): „Nachdem ich nach der Zeichnung die Kindergruppe plastisch-räumlich darzustellen versuchte, war mir rundherum der Umriß der Figurengruppe zu unklar. Ich ließ diesen Versuch ruhen, und erst nach Jahren kam mir die Idee: Eine lange Diagonale (Junge), eine kurze Diagonale (Mädchen), die beide von der Basis auseinanderstreben und durch die Arme in Schulterhöhe zusammengehalten werden (in ihrer Gestrecktheit und Spannung etwa einem Expander vergleichbar). Beide Köpfe in ihrer Haltung so verteilt, daß sie als ausgleichende Gewichte den Abschluß bilden." So führt Lehmann die Naturbetrachtung auf die ihr zugrunde liegende Bewegungsstruktur zurück. Diese bildet dann die Ausgangsbasis für den tektonischen Aufbau der Skulptur. Das Ergebnis ist die Verwandlung einer Naturform in eine Kunstform.

Lust am Zeichnen

Die Skizzen zu dieser Figurengruppe geben Anlaß zu einem kleinen Exkurs über den Zeichner Kurt Lehmann. Schon als Landwirtschaftseleve hatte er, wie eingangs kurz erwähnt, mit Vergnügen gezeichnet, und bis auf den heutigen Tag ist er ein passionierter Zeichner geblieben. Das meiste, das er mit Stift oder Tusche zu Papier gebracht hat, fällt unter die Rubrik Bildhauerzeichnungen. Es handelt sich dabei um Skizzen, in denen mehr oder weniger rasch die Idee einer Plastik festgehalten wird. Sehr oft aber gehen solche Bild-Niederschriften über den Zweck einer Vorstudie zu einem dreidimensio-

Tanzende Katharina, 1948, Bleistift

Schreiendes Mädchen, 1951, Kugelschreiber

Badende, 1952, Bleistift

Nach dem Sturz, 1965, Kugelschreiber

Griechische Ziegen, 1968, Kugelschreiber

Barbara, 1953, Kohle

Stehender weiblicher Akt, 1965, Graphit

Tänzer, 1986, Kreide

Liegende, 1962, Kreide

Ruhender Mann, 1952/53,
Muschelkalkstein, B.: 180 cm

Mädchen im Regen, 1952, Bronze,
H.: 86 cm

Industrie und Handel, Relief für die Industrie- und Handelskammer Hannover, 1953, Travertin, B.: 1300 cm

Entwurf für das Relief, Gips

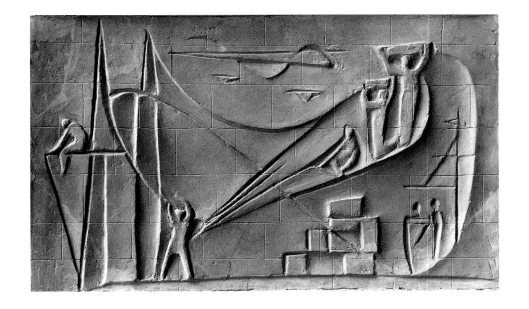

Moses und die Gesetzestafeln, Relief
für das Landgericht Hannover, 1957/58,
Muschelkalkstein, B.: 800 cm

Junge mit Vogeltränke, 1952,
Muschelkalkstein, H.: 100 cm

nalen Werk hinaus. Sie besitzen ihren eigenen künstlerischen Rang und verdienen es, losgelöst von der ursprünglichen Absicht, als selbständige graphische Arbeit bewertet zu werden.

Für die Zeichnungen, die er für die Brunnenfiguren der „Spielenden Kinder" gemacht hat, trifft dies allerdings nicht zu. Es sind nicht mehr als Arbeitshilfen, aber sie lassen erkennen, welch' große Rolle derartigen Bildhauerzeichnungen beim Prozeß der Formfindung und Übertragung ins Dreidimensionale zukommt.

Die meisten von Lehmanns Zeichnungen dagegen, obwohl in der Regel im Zusammenhang mit seinem plastischen Werk entstanden, besitzen künstlerischen Eigenwert. Selbstverständlich geht es in diesen Blättern nicht um die Wiedergabe von Wirklichkeit, sondern um Konzentration auf das Wesentliche, um Abstraktion. Sie ist am stärksten, wenn als einziges Ausdrucksmittel die Linie benutzt wird. Darauf versteht Lehmann sich ganz besonders. So ist z. B. die Figur einer „Badenden" (Abb. S. 38) mit einem einzigen feinen Bleistiftstrich erfaßt. Nur die Grundformen sind zu sehen, keine Details. Welch' gedankliche Konzentration muß vorausgegangen sein, um die Gestalt so sicher und so schwungvoll zu umreißen! Ähnlich knapp ist die

Zeichnung einer jungen Frau, die sich mit einem Tuch verhüllt (Abb. S. 118). Auch die „Tanzende Katharina" (Abb. S. 38) ist nur aus wenigen Linien komponiert. Während man jedoch bei den beiden zuvor genannten Arbeiten eine aufs Tektonische zielende Sehweise spürt, entspringt dieses Blatt einer hinreißenden Spontaneität, die typisch für den Zeichner Kurt Lehmann ist. Zu welcher Ausdruckskraft er die reine Linie zu steigern weiß, verrät eine ganz aus der Freude des Augenblicks geborene Zeichnung eines gestürzten Reiters mit seinem Pferd, die er 1965 von seiner Irlandreise mit heimbrachte (Abb S. 39). Hier zeigt sich höchst amüsant der Sinn für das Komische, der auch zu seinem Wesen gehört.

So sicher und klar der Künstler sich allein durch die Linie auszudrücken weiß, so verzichtet er dennoch, wenn das Thema es erfordert, nicht auf Schraffuren oder Schwärzungen durch Verwischen und durch den Gebrauch von Kohle oder Kreide, wie etwa bei der Figur der „Barbara" (Abb. S. 40) oder einer „Liegenden" (Abb. S. 41). Auf malerische Wirkung hin sind diese Blätter allerdings nicht angelegt, eher soll die Plastizität der Formen stärker hervortreten.

Wie überzeugend oft Motiv und Darstellungsweise übereinstimmen, beweist die Feder- und Tuschezeichnung zur „Brockenhexe" (Abb. S. 109). In der struppigen, sperrigen Skizze spiegelt sich das Geheimnisvoll-Gefährliche der Situation. Ein Beispiel nur für viele. An anderer Stelle finden sich weitere Proben von Lehmanns Zeichenkunst.

Salome mit dem Haupt des Josef,
1954, Kohle

Akzente im Stadtbild

Der Reihe der Knaben- und Jünglingsgestalten, die Lehmann seit langem beschäftigen, fügt er noch weitere Arbeiten hinzu. Der unbekleidete „Junge mit Taube", der in einer kleinen Fassung (Bronze, 1953, H.: 25 cm) und in einer nur unwesentlich veränderten großen Fassung (Abb. S. 53) hergestellt wurde, kniet mit gespreizten Oberschenkeln auf einem grob behauenen etwa quadratischen Sockel. In den Händen hält er eine schräg himmelwärts gerichtete Taube, auf die er mit leicht geneigtem Kopf hinabblickt. In der Figur sind tektonischer Aufbau und Naturwahrheit zu einer Einheit verschmolzen, die die Nähe der klassischen Antike spüren läßt. Und doch ist sie mit ihren behutsam vereinfachten, gerundeten Körper- und Gliedmaßen-Bauteilen, ihrer in den Raum drängenden Dynamik und ihrer glatten wie unsichtbar von innen her gespannten Oberfläche ein Werk unserer Zeit. Der erste Entwurf der Figur, von deren vier Güssen einer in einem Innenhof von Hannovers Tellkampf-Schule seinen Platz gefunden hat, geht ins Jahr 1936 zurück.

Im Gegensatz zu dieser Plastik ist die des überlebensgroßen „Hirtenjungen" (Abb. S. 52) im Volumen stark zurückgenommen. Wie ein flacher Pfeiler strebt der nur mit einem langen um die Hüfte geschlungenen Tuch bekleidete Junge in die Höhe. Die Figur fand auf der III. Biennale in São Paulo 1955 allgemeine Anerkennung und kam in die engste Wahl für den Großen internationalen Preis der Plastik, der dann allerdings dem Italiener Mirko zugesprochen wurde.

Obwohl die Knaben- und Jünglingsgestalten der ersten hannoverschen Jahre durchaus Lebenszuversicht ausstrahlen, bleiben in dem Künstler die Erinnerung an die Schrecken des Krieges und die Klage über den Verlust und das Scheitern so vieler hoffnungsfroher Jugend wach. Hin und wieder drängt dieses Empfinden an die Oberfläche. So in dem Muschelkalksteinrelief „Jüngling" (1953/54, H.: 53 cm), das 1967 auch als großes Bronzerelief (Abb. S. 54) die Werkstatt verläßt. Erlebnismäßig knüpft es an den „Zusamenbrechenden Knaben" von 1946 an, formal muß es mit dem „Trauernden Jüngling" (Bronze, H.: 33 cm) aus den Jahren 1955/56 zusammen gesehen werden. Eine nackte Jünglingsgestalt ist in stillem Schmerz zusammengesunken. Kaum aufgeblüht, ist das junge Leben bereits vernichtet.

Für das aus Ruinen neu entstehende Hannover schafft Lehmann immer neue Arbeiten, die im Stadtbild Akzente setzen. Dazu gehören die kleinen als Bronzereliefs gearbeiteten Türgriffe zum Lob des Weines für den Ratskeller (1952/53, B.: 19,5 und 20 cm) ebenso wie die in derselben Technik und im gleichen Material ausgeführten kraftvollen Evangelistensymbole, die in der Marktkirche als Türklinke dienen (Abb. S. 59). Wichtig vor allem

Figuren am Bahlsen-Haus, heute Schuhhaus Gisy (von links nach rechts): *Mädchenfigur, Junge mit Lendentuch, Junge Frau mit Tuch* und *Junge, in ein Tuch gehüllt*, 1950/51, Muschelkalkstein, H.: 220 cm

aber sind zwei große Skulpturen aus Muschelkalkstein, der „Rübezahl" (Abb. S. 56) und die „Sophia" (Abb. S. 56) für das Ratsgymnasium. Mit ihrer Rechten lüftet sie den Schleier, als wolle sie ein Stück der ihr dem Namen nach zugesprochenen Weisheit preisgeben.

Der polternde Berggeist aus dem Riesengebirge schmückt einen Brunnen in einem hauptsächlich für Flüchtlinge aus Schlesien errichteten Stadtteil. Die blockhafte, schwere Gestalt steht auf einem abgeschrägten Sockel, aus dessen Schlitzen das Wasser ins weite Becken rauscht. Die auf das Wesentliche reduzierte Figur stützt sich mit der rechten Hand auf einen Baumstamm, die linke faßt an das von einem langen Bart fast verdeckte Kinn. Der Blick schweift über die Köpfe der Menschen hinweg sinnend ins Weite. Ein spannungsvoller Gegensatz ergibt sich durch die kraftvoll gerundeten Arme und das flächig gehaltene Gewand, das durch eine scharfe Kante belebt ist. Wenige kleine Durchbrüche lockern das Volumen auf, doch herrscht das Massige und versteckt Bedrohliche, wie es die Sage verlangt, vor.

Wer versucht, in Lehmanns Schaffen eine mehr oder weniger geradlinige Entwicklung erkennbar zu machen, gerät spätestens bei den Arbeiten der fünfziger Jahre in Verlegenheit. Zu reich sprucelt die Quelle seiner Einfälle; unversehens greift er zeitweilig von ihm vernachlässigte Techniken wieder auf, oder er wendet sich neuen, von ihm bisher kaum oder noch gar nicht angewandten Gestaltungsmöglichkeiten zu. Das Wort, das Maillol dem jungen Bildhauer sagte, als dieser ihm eine Mappe mit Zeichnungen aufblätterte „Vous avez des idées – Sie haben Ideen", geht einem nicht aus dem Sinn.

So entstehen zur gleichen Zeit wie die zuletzt genannten Vollplastiken mehrere Reliefs, Arbeiten also, in denen Linie und Fläche vorherrschen. Ein besonders gelungenes Beispiel ist die „Liegende", die in Eisenguß groß (Abb. S. 57) und klein (1959, B.: 15 cm) ausgeführt wurde. Die stark vereinfachte, nur schwach aus dem Reliefgrund hervorgewölbte Figur ist durch tief eingegrabene Linien markiert. Das Bronzerelief „Spielende Jungen" (Abb. S. 57) überrascht durch die Art, wie hier durch die Körper, die angewinkelten Beine und die ausgestreckten Hände der beiden Knaben Bewegung verdeutlicht wird.

Die Beschäftigung mit dem Relief sollte Kurt Lehmann alsbald bei zwei wichtigen Aufträgen zugute kommen, dem 1953 fertig gewordenen Relief für die Fassade der Industrie- und Handelskammer (Abb. S. 44) und dem Relief „Moses und die Gesetzestafeln" (Abb. S. 45) für die Eingangshalle des Landgerichts Hannover. Der Auftrag für die Industrie- und Handelskammer stellte den Künstler vor das Problem, eine aus hellen Travertinplatten zusammengesetzte sehr große Fläche lebendig zu gliedern. Es gelang ihm, durch verschieden tiefe Mulden unterschiedlich hohe Ebenen zu bilden, die umfaßt werden durch weit ausschwingende, einander teils überschneidende oder durchdringende Linien. Diese bilden die Grundstruktur der Gesamtkomposition. Durch die starke Abstraktion erhält die Darstellung etwas Zeitloses. Das ist der eine große Vorzug dieser Arbeit. Der andere liegt in der Dynamik und Geschlossenheit der Komposition und ihrer Durchführung.

Eine ähnliche kompositorische Geschlossenheit erreicht Lehmann auch bei dem Relief „Moses und die Gesetzestafeln" (1957/58). Wieder galt es, eine beträchtliche Wandfläche zu beleben. Der Künstler bediente sich dazu der gleichen technischen und künstlerischen Mittel. Seiner Bedeutung entsprechend übergroß, sitzt die stark vereinfachte, aus mäßig gewölbten Flächen aufgebaute Figur des Moses mit den Gesetzestafeln in den Händen auf dem wie eine Pyramide geformten Berg Sinai.

Der 78jährige Religionsphilosoph Martin Buber, der während seines Hannover-Besuchs den Entwurf zu sehen bekam, erblickte darin zu Recht einen Hinweis darauf, daß Moses seine Weisheit auch dem alten Ägypten verdankt. Überdies war er erstaunt und erfreut zugleich, daß der Künstler ein Thema wie dieses für ein öffentliches Gebäude gewählt hatte.

Die Komposition zeigt Moses im Gespräch mit dem in einer Wolke verborgenen Gott. Wie ein umgekehrter Kometenschweif schwingt sie sich, immer schmaler werdend, über die ganze Wand hin abwärts, bis sie zu einer Linie verkümmert. Das geschieht genau an der Stelle, an der das abtrünnige Volk Israel um das Goldene Kalb tanzt. Sinnfälliger und einfacher läßt sich der Weg von der Gottesnähe zur Gottesferne nicht darstellen. Von dieser Szene verläuft eine Linie zu einer am Fuß des Reliefs stehenden wartenden Menschengruppe. Eine weitere scharf herausgearbeitete Bogenlinie kehrt zu der Figur des Moses zurück und bildet den Abschluß des Ganzen. Das von rechts durch eine hohe Fensterwand eindringende Tageslicht modelliert die schlicht und ohne Pathos erzählte Szene einprägsam heraus.

Badende, 1951, Bronze, H.: 165 cm

Mehr Abstraktion

Ob es an der eingehenden Beschäftigung mit dem Relief und dessen Formzwängen liegt, daß Lehmann um die Mitte der fünfziger Jahre eine wachsende Neigung zur Abstraktion erkennen läßt? Die Frage muß man wohl mit Ja beantworten, wenngleich nicht außer acht gelassen werden darf, daß der Künstler seine Formideen stets aus der ihm gestellten oder von ihm selbst ausgesuchten Aufgabe entwickelt. Ein überzeugendes Beispiel dafür bietet das in einer kleinen Eisenguß- und einer großen Gipsfassung angefertigte Relief „Flaschengeister" (Abb. S. 60). Die große Ausführung fand ihren Platz in einem Aufenthaltsraum im Chemischen Institut der Universität Freiburg/Brsg., kann jedoch heute nach Umbauten nicht mehr als Ganzes besichtigt werden. Die kleine Fassung dagegen ist um so aufschlußreicher. Schmale geometrische Flächen – stark abstrahierte Glaskolben und Flaschen – sind mit einem mehrfach rechtwinklig abgeknickten System von Linien, die den Röhren einer Versuchsanordnung entsprechen, zu einer leichten, witzigen Komposition verbunden. Witzig deshalb, weil bei einigen der winzigen Dreiecksformen Augen und Mund wie bei einem menschlichen Gesicht angedeutet wurden. Von daher stammt auch die Bezeichnung Flaschen- oder, noch treffender, Laborgeister. Da die aus dem Grund hervorgehobenen Linien schmal sind und die kleinen Flächen hinter dem Lineament zurücktreten, erhält das Relief etwas Heiter-Schwebendes.

Der Hang zu wachsender Vereinfachung der Naturformen ist auch an mehreren Vollplastiken abzulesen. Ein „Liegendes Mädchen", das wie häufig in zwei Größen gearbeitet wurde, in Bronze (1953/54, B.: 38,6 cm) und Muschelkalkstein (1953/54, B.: 80 cm), ist überraschend stark zum architektonisch Gebauten hin verwandelt.

In genau entgegengesetzter Weise hat Lehmann im selben Jahr eine „Dicke", eine weibliche Figur, genauer einen Torso, denn es fehlen die Füße, sowohl modelliert (Bronze, 1953, H.: 38,5 cm) als auch aus Muschelkalkstein (Abb. S. 61) gehauen. Hier ist keinerlei Geometrie im Spiel, vielmehr wurden die natürlichen Formen im Volumen erheblich übertrieben, so daß die Gestalt an ein frühzeitliches Fruchtbarkeitsidol erinnert.

Mit ähnlich schwellender Körperfülle kann die weit vornübergebeugte „Badende" (Abb. S. 61) aufwarten, eine Skulptur, die ausgeprägtes Volumen mit einer nicht weniger ausgeprägten Bewegung verbindet.

Die allgemeine Tendenz dieser Jahre indes weist bei Lehmann in Richtung einer Zurücknahme des Volumens. Statt dessen werden ihm Fläche und Linie wichtiger. Die Kleinbronze „Huckepack" (Abb. S. 63), mit der er das Thema Mutter und Kind aufgreift, bezieht ihre Wirkung im wesentlichen aus der sperrigen Kontur, bei der der Bewegungsablauf wiederholt unterbrochen wird. Die Körper der Mutter und des Kindes auf ihrem Rücken, das ihr die Arme auf die Schultern legt und

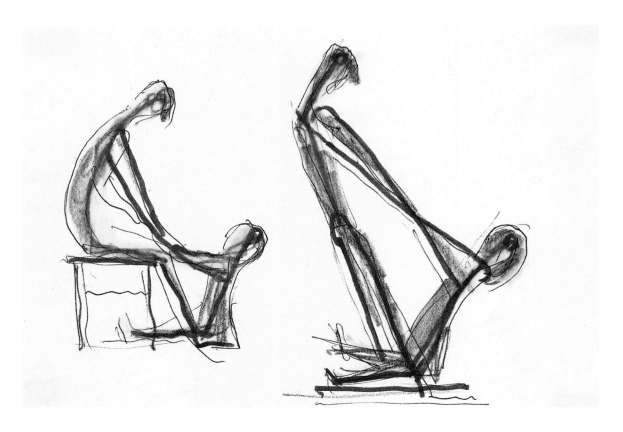

Ideenskizzen zum Brunnen
Spielende Kinder

Brunnen *Spielende Kinder*,
1952/53, Bronze, H.: 168 cm

Hirtenjunge, 1954, Bronze, H.: 172 cm

Junge mit Taube, 1953,
Bronze, H.: 115 cm

Kniender Jüngling, 1967, Bronzerelief,
B.: 110 cm

Diana, 1949, Eisenrelief,
H.: 53 cm

Rübezahl-Brunnen, 1953/54, Muschelkalkstein, H. ohne Sockel: 320 cm

Sophia, 1954, Muschelkalkstein, H.: 244 cm

Liegende, 1953, Eisenrelief, B.: 78 cm

Spielende Jungen, 1954, Bronzerelief, B.: 14 cm

Ausschauende, 1955,
Bronzerelief, H.: 26 cm

Evangelistensymbole an einer Tür
der Marktkirche Hannover, 1956,
Bronzereliefs: *Matthäus,* B.: 24 cm,
Lukas, B.: 22,5 cm

Flaschengeister, 1954/57, Eisenrelief, B.: 66 cm

die Beine nach hinten streckt, sind abgeflacht, auf Details wurde kein Wert gelegt.

Bei der Kleinbronze „Mutter und Kind" (Abb. S. 63) hat die auffallend rauhe, ja borstige Haut die Funktion, Raum zu schaffen, nicht jedoch malerische Wirkung zu erzielen. Die im Volumen flache, weitgehend abstrahierte Mutterfigur sitzt auf einem hohen Sockel, die Arme sind als großer, schräg abwärts geneigter Kreis geformt, von dem der aufrecht auf dem linken Knie der Frau stehende kleine Junge schützend umfangen wird. Der von den Armen gebildete Ring erzeugt selbst bei dieser sehr abgeflachten Gestalt ein beträchtliches Raumvolumen. Dieses Einkreisen des Umraums ist es wohl auch, das den Künstler formal in erster Linie an dieser herben, ausgesprochen sachlich auf den Kern des Themas zurückweisenden Darstellung gefesselt hat.

Wie aus dicken Metallsträngen geformt und hauptsächlich auf lineare Wirkung berechnet, erscheinen die beiden beinahe zeichenhaft vereinfachten Kinder der „Schaukel" (Abb. S. 67), die einander mit gekrümmten Rücken gegenübersitzen und sich mit ausgestreckten Armen gegenseitig festhalten.

Nach dem gleichen Gestaltungsprinzip ist der „Wolkengucker" zusammengefügt (Abb. S. 66). Mit weit gespreizten Beinen sitzt eine nackte männliche Figur auf dem Boden; die Arme hat sie auf die Knie gestützt, die Hände liegen vorgewölbt als Blendungsschutz auf dem Kopf.

Auch die „Seejungfrau" (Abb. S. 64) verdankt ihre Gestalt langgezogenen wulstigen Formen, die wellenförmig ineinander übergehen und dreifach durchbrochen sind. Die Gesamtwirkung des Werks geht auf das dynamische Linienspiel zurück. Bemerkenswert ist die aufgerauhte Oberfläche, die Lehmann in diesen Jahren bevorzugt.

In den Jahren 1954 bis 1956 hatte Kurt Lehmann einige Aufgaben unmittelbar vor seiner Haus- bzw. Ateliertür zu erfüllen: Im Inselgarten des Großen Gartens in Herrenhausen waren während des Krieges u. a. die allegorischen Figuren der Jahreszeiten auf den barocken Vasen vernichtet worden. Lehmann entwarf sie im Stil des ausgehenden 17. Jahrhunderts neu (Vasen-Durchmesser 65 cm, Höhe 112 cm). Die Steinmetzarbeiten führte sein jahrzehntelanger Mitarbeiter und Freund Reinhold Kniehl aus. Sein handwerkliches Können und sein künstlerisches Empfinden für den Stein haben ihm zu hoher Wertschätzung verholfen.

Noch auf andere Weise half Lehmann mit, den alten Glanz Herrenhausens neu aufzupolieren: Im Rahmen der alljährlichen Herrenhäuser Sommerspiele brachte Reinhold Rüdiger, Intendant der Landesbühne Hannover, mehrere Jahre lang im Galeriegebäude Opern des einstigen hannoverschen Hofkapellmeisters Georg Friedrich Händel und anderer Musikdramatiker heraus. Für einige der Aufführungen im Galeriegebäude, die mit international bekannten Gästen besetzt waren, schuf Lehmann mit nobler Zurückhaltung gegenüber der barocken Architektur die Bühnenbilder, so für Händels „Ariodante" (1963/64) und Monteverdis „Orfeo" (1966). Bei dem engen Verhältnis des Künstlers zur Musik überrascht dieser Ausflug in die Welt des Musiktheaters nicht.

Trotz der starken Inanspruchnahme durch Lehrtätigkeit, Auftrags- und eigene freie Arbeiten fand er dennoch Muße, Werke für Einzel- und Gruppenausstellungen auszuwählen, so u. a. für die Kunstvereine in Kassel (1954), Hamburg (1956), Hameln (1958), Köln (1960) und für das Kunstgeschichtliche Institut der Universität Mainz (1961). An der „documenta 1" in Kassel (1955) war er ebenso beteiligt wie an der III. Biennale in São Paulo/Brasilien (1955) und an der 4. und 7. Biennale Middelheim/Antwerpen (1957 und 1963), um nur diese aus einer langen Reihe zu nennen. Die Hamburger Ausstellung zeigte Arbeiten von den Anfängen 1925 bis 1956: Eine Übersicht, die im wesentlichen Zeugnis ablegte von der wie selbstverständlich naturhaft-beseelten Plastizität seiner Werke, aber auch von den jüngsten Versuchen, das Blockhaft-Räumliche zugunsten einer mehr Fläche und Kontur betonenden Formvorstellung zurücktreten zu lassen. Alfred Hentzen, Direktor der Hamburger Kunsthalle und einer der besten Kenner der Bildhauerkunst seiner Zeit, schrieb damals im Katalog der Ausstellung unter anderem:

„Das freie, nicht durch Aufträge gebundene Werk von Kurt Lehmann, das in dieser Ausstellung vereinigt ist, belegt nicht minder, welch weiter Umkreis von Themen und formalen Erfindungen ihm zu Gebote steht. Seine künstlerische Kraft zeigt dabei ein stetiges Wachsen und Reifen, eine fortdauernde Erweiterung seiner Möglichkeiten. Das Naturhafte ist von Anfang an da und bleibt bis in die jüngsten Werke lebendig. Immer liegt unmittelbare Beobachtung zugrunde, und bis in die Durchformung des vollendeten Werks, die in späteren Arbeiten immer stärker abstrahiert und vereinfacht wird, bleibt sie erhalten. Es ist eine schöne und natürliche Harmonie in diesen Figuren und Reliefs von Menschen und Tieren, eine Ausgeglichenheit, die im Wesen des Künstlers selbst liegt. Wenn man damit sagt, daß Kurt Lehmann kein Problematiker ist, so heißt das gewiß nicht, daß er den Problemen der neuen Kunst aus dem Wege ginge. Mit offenem Sinn hat er die Lösungen und Eroberungen der Zeitgenossen in und außerhalb Deutschlands ver-

folgt und ohne je etwas nachzuahmen daraus gelernt. Ganz organisch vermag er sich die Anregungen des Neuen anzuverwandeln und wird dadurch teils freier: was das Naturvorbild betrifft, teils strenger: in bezug auf die Eigengesetzlichkeit der Kunst. Immer findet er zuletzt eine ganz eigene und ganz einfache und schlichte Lösung, die überzeugt."[17]

Mitte des Lebens

Lehmann hat jetzt das 50. Lebensjahr vollendet und sein Werk ist inzwischen so umfangreich, daß es dazu herausfordert, nach bestimmten Übereinstimmungen, stilistischen Merkmalen und Entwicklungsstufen zu forschen und zu vergleichen. Es kennzeichnet den Künstler, und es zeichnet ihn aus, daß er nicht bei dem einmal Erreichten, und sei es noch so vollkommen, stehen bleibt, sondern daß er sich weiterentwickelt. Das geschieht ganz ohne Sprünge in einem organischen Wachstumsvorgang – so wie ein Baum in die Höhe strebt und Äste und Zweige ansetzt. Was Lehmann sich einmal erarbeitet hat, gilt ihm nicht etwa als eine überwundene Stufe, es bleibt vielmehr gegenwärtig und wird, je nachdem, was der Auftrag erfordert, oder was der Künstler sich selbst abverlangt, abgerufen und wieder aufgegriffen. Das gilt sowohl für die Themen als auch ganz besonders für die Form. Die ständige Verfügbarkeit, das jederzeit mögliche und häufig auch geübte Zurückgreifen auf einmal Erworbenes ist typisch für Lehmann. Das bedeutet indes nicht, daß er sich wiederholt. Daß nach Jahren öfter manche kleine Skulptur in einer großen Fassung ausgearbeitet wird, hat mit dieser Feststellung nichts zu tun. Neues kündigt sich beizeiten an und wächst in Jahren zur Reife heran.

Oben
Badende, 1955, Bronze, H.: 19 cm

Unten
Dicke, 1953, Muschelkalkstein, H.: 80 cm

Das läßt sich auch von dem „Knienden Hirten" (Abb. S. 69) sagen. Die zutreffend auch mit dem Titel „Demut" bezeichnete Gestalt aus Bronze kniet, in einen langen Umhang gehüllt, auf dem Boden. Mit fast waagerecht gehaltenen Armen hält sie in Schulterhöhe ein Tuch fest, das über dem Leib auseinanderfällt und einen großen, nach unten spitz zulaufenden Hohlraum freigibt. 1958 wurde eine Fassung in Muschelkalkstein (Abb. S. 68) hergestellt. Sie steht heute in der Ruine der im Zweiten Weltkrieg zerstörten und als Mahnmal für alle Opfer der Kriege und der Gewalt dienenden Aegidienkirche in Hannover, flankiert von den efeuüberwachsenen Außenmauern, die dem Feuersturm standgehalten haben.

Das Neue in Lehmanns Schaffen, das hier zum erstenmal deutlich zu Tage tritt, ist die Hohlform. Sie wird sichtbar zwischen Gewand und Körper. In anderen Arbeiten aus diesen Jahren findet sich diese Art der Darstellung häufiger, und zwar so, daß der Leib der Figuren selbst als Hohlform modelliert wird. Das geschieht am deutlichsten bei dem „Sitzenden Mädchen" (Abb. S. 69).

Es ist aufs äußerste vereinfacht mit leicht rückwärts geneigtem Rücken in einer Sitzhaltung wiedergegeben, die im Grunde einer hier allerdings nicht vorhandenen Anlehnungsmöglichkeit bedürfte. Der Sockel, auf dem es sitzt, bildet mit dem linken angewinkelten Bein eine Einheit, die Arme, zwei schmale lange gratähnliche Formen, liegen am Körper an und gehen in die Oberschenkel über. Auf diese Weise entsteht der Leib als große, nach oben sich verjüngende Hohlform mit schwach angedeuteten Brüsten. Vom Kopf auf dem zylinderförmigen Hals fällt ein Haarwulst auf den Rücken und läßt hier einen kleinen Durchbruch zustande kommen. Es leuchtet ohne weiteres ein, wenn der Künstler zu dieser Plastik erzählt, er sei dazu durch ein Stück Baumrinde, das er auf einem Spaziergang gefunden habe, angeregt worden. In der Tat erinnert die Figur daran, zumal auch ihre Haut rissig wie Borke ist. Die große Variante der Skulptur mit der Bezeichnung „Thronende" (Bronze, 1963/64, H.: 126 cm), läßt, da Kopf und rechter Fuß fehlen, geradezu an ein im Wald aufgelesenes Stück Holz denken.

Die große Hohlform, konvexe und konkave Flächen und eine mitunter bis zum Zeichenhaften vorangetriebene Abstraktion beanspruchen Ende der fünfziger und Anfang der sechziger Jahre das

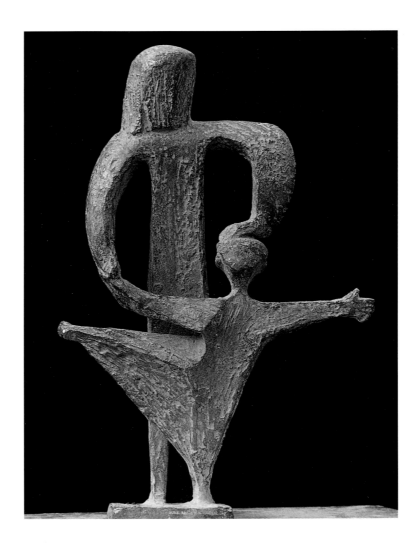

Mutter und Kind, 1957, Bronze, H.: 27 cm

Huckepack, 1955, Bronze, H.: 22 cm

Mutter und Kind, 1957, Bronze, H.: 22 cm

gestalterische Interesse des Künstlers. Das gilt für den „Sitzenden" (Bronze, 1960, H.: 19 cm), der weitgehend abstrahiert, seine überlangen Arme hinter dem Kopf zusammengelegt hat, wodurch sich zwei große rechteckige Durchbrüche ergeben, während der Leib zusammen mit den angezogenen Knien die obligate Hohlform bildet. Und es gilt für den „Wächter", der dreifach existiert: Als kleine Bronze (1957/60, B.: 32 cm), als Bronzerelief (1960/61, H.: 14 cm) und als große Bronze (Abb. S. 69). Eine sehr vereinfachte männliche Gestalt sitzt auf einer Plinthe bzw. einem Sockel, das rechte Knie steil aufgerichtet, das linke Bein lässig abgewinkelt. Ein nicht näher zu beschreibendes Gewand verwächst mit dem Körper zu einem Ganzen, das durch scharf betonte Grate und vornehmlich durch flache Höhlungen gegliedert wird.

Was über den „Wächter" gesagt wurde, trifft im Grundsätzlichen auch für die „Harpyie" (Abb. S. 70 unten) zu. Der Körper des nur auf den Zehenspitzen und dem linken Ellenbogen ruhenden antiken Sturmdämons ist derart verspannt, daß dreieckige Durchbrüche gebildet werden. Diese korrespondieren mit den großen geometrischen Flächen, aus denen die Skulptur aufgebaut wurde. Die Diagonalen der Beine und Arme führen zusammen mit den Senkrechten und Waagerechten der Figur sowie der Rundung des Kopfes zu einer außerordentlich beweglichen Umrißlinie, die mit ihren spitzen Winkeln und scharfen Kanten das Unheimliche unterstreicht, das zum Wesen dieses Zwitters zwischen Mensch und krallenbewehrtem Vogel gehört.

Als eine Hommage an die Diagonale betrachtet der Künstler die gleichzeitig entstandene Plastik mit dem Titel „Diagonal" (Abb. S. 70 oben rechts). Aus flachen geometrischen Blöcken mit sehr rauher, fast porös erscheinender Oberfläche ist eine bis an die Grenze abstrahierte menschliche Gestalt geformt, die sich schräg von rechts unten nach links oben in den Raum hinein erstreckt. Auffälligstes Merkmal der Figur ist ein schmaler tiefer Schlitz, der den Leib von unten bis zum Haaransatz durchzieht. Er ist einer tiefen Schattenfuge zu vergleichen und betont die diagonale Grundrichtung und damit das Dynamische der Skulptur mit großer Kraft.

Die Grundrichtungen senkrecht, waagerecht, diagonal und ihre Beziehungen untereinander im Raum haben für den Bildhauer Lehmann besondere Bedeutung. Er betrachtet sie als Grundkoordinaten der sichtbaren Welt und darüber hinaus im übertragenen Sinn als Möglichkeiten menschlichen Seins überhaupt. Wenn man mit ihm zum Beispiel durch die Stadt geht, ist man häufig Zeuge, wie er etwa an einem Gebäude und an dessen Situation zur Straße seinen Begleiter plötzlich auf diese Grundrichtungen aufmerksam macht. Auch die Menschen, die sich zwischen den Häusern bewegen, sind, für ihn selbstverständlich, in diese Beobachtungen mit einbezogen. Ja selbst in geschlossenen Räumen, im Zimmer, in der Wohnung, erfaßt sein

Seejungfrau, 1957, Bronze, B.: 22 cm. Die ein Jahr später entstandene große Fassung (Bronze, B.: 260 cm) wurde auf der 7. Biennale 1963 in Middelheim/Antwerpen ausgestellt.

Blick die Dinge dort, von Möbeln und Bildern b s zu den Gegenständen auf dem Tisch, unter dieser Perspektive.

Geradezu ein Demonstrationsobjekt für diesen Bildhauer-Lehmann-Blick ist eines der bedeutendsten Werke der hannoverschen Zeit, die Gruppe der „Speerträger". 1954/55 modellierte er sie zum erstenmal (Gips, H.: 19 cm). Auf einem Sockel stehen zwei stark vereinfachte Figuren, deren Körper aus zwei auf die Spitze gestellten schmalen Dreiecken mit Hohlformen und Einkerbungen gebildet werden. Der etwas weiter hinten stehende Sportler trägt mit erhobenen Händen fast waagerecht einen Speer, der andere Athlet hat die Hände über dem Kopf zusammengenommen und hält darin ebenfalls einen Speer, der beinahe senkrecht steht. Nimmt man die von der Kontur der beiden Körper-Dreiecke gebildeten Diagonalen hinzu, hat man die drei genannten Grundrichtungen Senkrechte, Waagerechte und Diagonale beisammen.

Ein zweites Mal hat der Künstler das Motiv 1955 als Bronzerelief (H.: 15 cm) gestaltet; eine große Fassung (Abb. S. 71) entstand 1964 als Auftrag der Stadt Hannover für den Eingangsbereich des Niedersachsen-Stadions. Am Beispiel dieser Arbeit hat Kurt Lehmann die Ausführung einer Groß-Plastik selbst erläutert.

„Ausführung einer Groß-Plastik am Beispiel der Speerträger-Gruppe für das Niedersachsen-Stadion in Hannover

Von der Idee zur Plastik

Jeder gestalterischen Arbeit geht der Einfall voraus.

Der äußere Rahmen war gegeben: Standort der Plastik: Haupteingang Niedersachsen-Stadion. Der Auftrag der Stadt Hannover lautete: eine Monumental-Plastik zu schaffen, die einen Bezug zum Sport und zur olympischen Idee verkörpert. Schon bei der Besichtigung der örtlichen Gegebenheiten wurde mir klar, daß sich *eine* Gestalt vor der Weiträumigkeit des Stadions nicht behaupten kann. Zudem kam es mir darauf an, auszudrücken, daß der Sport ‚Wettstreit', letztlich aber doch Gemeinsamkeit in der olympischen Idee ausgedrücktes *Miteinander* bedeutet. Somit stand für mich fest, daß nur eine Figuren-*Gruppe* diese symbolische Aufgabe überzeugend erfüllen würde.

In meinen Skizzen kehrten häufig vertikale und horizontale Elemente wieder. Das Horizontale als das ‚Verbindende', das Vertikale als das ‚Aufrechte'.

Was mir bei dem Entwurf der Speerträger wesentlich war, waren die beiden auf die Spitze gestellten Dreieckskörper. Durch die Anordnung der beiden

Umschauende, 1956, Bronze, H.: 180 cm, ein Guß steht am Leibnizufer in Hannover, ein zweiter im Plastikpark Middelheim/Antwerpen

Körper entstand ein Zwischenraum – wiederum in Dreiecksform – nur mit der Spitze nach oben. Als Gegensatz, wodurch die Spannung erhöht wird, kommen die Linien der Speere dazu. Sie stellen eine Verbindung zur Weite und Höhe dar.
Vor Ort wurden durch ein Pappmodell Höhe (4,20 m) und Breite bestimmt."

Bei den Arbeiten zur Speerträgergruppe hatte Lehmann für die Körper der Wettkämpfer auch kleinere Gipsformen – Trapezoide – mit Höhlungen, ebenen und leicht gewölbten Flächen angefertigt, die indes nicht verwendet wurden. Er kümmerte sich nicht weiter darum. Ein Jahr später kamen sie ihm wieder in die Hände, und er begann, sozusagen damit zu spielen. Schließlich setzte er die vier Blöcke zu einer hohen Senkrechten übereinander. Nicht paßgenau, sondern so, daß die Einzelteile leicht überkragten und Anfang und Ende der jeweiligen Formen als kurze waagerechte Schnitte oder Linien sichtbar blieben: ein Spannung schaffender Gegensatz. Auf diese Weise entstand die „Schachtelhalmfigur" (Abb. S. 72), eine ebenso einfache wie überzeugende Synthese von architektonischem Aufbau und sinnbildhafter Veranschaulichung des Wachstums. Dieses Thema hat Lehmann später wiederholt aufgegriffen, so 1968 in der Bronze „Wachstum" (Abb. S. 72 unten) und auch in Staufen noch einmal. In der Arbeit von 1968 wachsen senkrecht aus der Grundplatte größere und kleinere abgerundete und teilweise schwach gewölbte Rechteckformen in strenger Ordnung empor. Sie sind zum Teil gegeneinander versetzt bzw. verdreht, so daß Durchbrüche zustande kommen. Das Ganze erinnert an einen Kaktus, allerdings einen ohne Stacheln. Auch hier treffen sich wieder Tektonisches und Organisches.

Wolkengucker, 1956/57, Bronze, H.: 16 cm

Tiere und Flußgottheiten

Tierplastiken finden sich im Gesamtwerk des Künstlers immer wieder. Eine besonders eindrucksvolle ist ihm 1951 mit der bronzenen Katze (Abb. S. 75) gelungen. Es ist die Katze schlechthin: Ruhe und Bewegung in einem. Der kubische Körper, der überdehnte Hals und die strenge sich buckelnde Kontur, die fast ein wenig spielerisch in den leicht nach oben sich biegenden Schwanz mündet, sind die charakteristischen Merkmale dieser Skulptur. Das geheimnisvolle Vorwärtsschleichen des Tieres ist unmittelbar gegenwärtig.

Im Jahr darauf modelliert er ein liegendes Fohlen (Abb. S. 75), und er schlägt es aus dem Stein (Muschelkalkstein; B.: 134 cm); einen massigen, auf seine Grundform reduzierten Stier formt er in einer kleinen Fassung (Bronze, 1959, B.: 20 cm) und in einer großen (Bronze, um 1964; B.: 150 cm). Während diese Plastik ganz blockhaft empfunden ist, tritt bei der Wandskulptur „Der gute Hirte" für die Tierärztliche Hochschule Hannover (Entwurf Abb. S. 74) das Volumen so stark zurück, daß man meint, ein Relief vor sich zu haben. Die sehr stark abstrahierte senkrecht aufgerichtete Figur des Hirten mit überlangem Hirtenstab, einem Lamm auf dem linken Arm und zwei Schafen zu Füßen ist ganz linear aus meist schmalen Materialsträngen bzw. Wülsten komponiert. Gewölbte und vertiefte Flächen, dazu Einkerbungen, Durchbrüche und eine rauhe Haut geben dem Werk trotz seiner Strenge Lebenskraft.

Ebenfalls aus wulstartigen Strängen, die ineinanderfließen, sich durchdringen, Öffnungen und Hohlformen entstehen lassen, besteht die kleine Bronze „Hauptfluß und Nebenflüsse" (Abb. S. 84). Ihr liegt die Vorstellung von drei Wassergottheiten zugrunde, deren Körper in wellenförmig bewegte Gebilde verwandelt wurden. Ihre Köpfe überragen das Gewoge der Formen, die das Brausen und Strudeln des Wassers widerspiegeln. Schade, daß das Werk, dessen Paten Rhein, Mosel und Lahn sind, nicht groß für einen Brunnen ausgeführt wurde.

Religiöse Darstellungen

In gewissen Abständen wendet der Künstler sich religiösen und im besonderen christlichen Themen zu. Jedoch klingt auch in Arbeiten mit anderen Inhalten eine religiöse Grundhaltung häufiger an. Beim „Guten Hirten" für die Tierärztliche Hochschule in Hannover etwa läßt sich der Bezug zur Gestalt Jesu gar nicht leugnen. Denn der „gute Hirte" ist ein immer wieder gebrauchtes Synonym für den Gottessohn. Auch bei den Mutter-und-Kind-Darstellungen kann eine Doppelbedeutung nicht ausgeschlossen werden. Maria mit dem Kind ist sogleich gegenwärtig. Die Christusfigur hat Lehmann 1955 in einer kleinen Bronze (H.: 29,1 cm) so

Schaukel, 1958, Bronze, B.: 125 cm

gestaltet, daß sie nicht am Kreuz hängt, sondern mit dem langgestreckten Leib und den waagerecht ausgebreiteten Armen selbst das Kreuz bildet. Weit vorangetriebene Abstraktion und kaum angedeutete Details kennzeichnen die Gestalt. Der Oberkörper ist durch einen senkrecht verlaufenden schmalen Grat, der Unterkörper durch eine in der gleichen Richtung verlaufende Wölbung gegliedert. Eine schräg nach rechts unten weisende Verdickung erinnert an das Lendentuch. Die schrundige Oberfläche läßt an die Verletzungen während der Marter denken. Acht Jahre später entstand eine große Fassung dieses Christus (Abb. S. 76), von dem sich ein Exemplar in der Hauptkirche zu Marl, ein zweites in der Friedenskirche zu Freiburg/Brsg. befindet. Auffällig ist die Haltung der Hände. Die rechte, gerade gestreckt wie der mit scharfer Kontur versehene Arm, ist zum Betrachter hin ebenso geöffnet wie die ein wenig nach unten fallende linke. Diese Geste wirkt wie eine Einladung, sich dem Gekreuzigten zu nähern und das Kreuz auf sich zu nehmen.

Das uralte Thema der Pietà hat den Künstler zu einem Relief (Abb. S. 76) angeregt, dessen große Fassung in einer Ausführung in der Evangelischen Stadtkirche Unna, in einer zweiten auf dem Westfriedhof in Köln-Vogelsang seinen Platz gefunden hat. Ein großes Rechteck im Querformat bildet die Grundplatte. Etwas links von der Mitte hat Lehmann die verhältnismäßig stark plastisch durchgearbeiteten Figuren der Mutter und des toten Christus angebracht. Beide sind stark vereinfacht; das Lineare bestimmt zwar das Erscheinungsbild, aber auch Hohlformen fehlen nicht, um Raumtiefe zu erzeugen. Während die Linien der Christusfigur abwärts, zum Grabe, zeigen, sind die Linien, die Marias Gestalt umreißen, aufwärts gerichtet. Von den Füßen der Gottesmutter aus beginnt über ihre Knie hin eine Diagonalbewegung nach rechts oben. Maria ragt mit dem Oberkörper weit über den Rand der Reliefplatte hinaus. Dadurch wird der Eindruck erweckt, als ziehe die Mutter den toten Sohn aufwärts, als wende sie das Vergängliche zum Ewigen, das Irdische zum Himmlischen.

Kniender Hirte, 1958,
Muschelkalkstein, H.: 260 cm,
Gedenkstätte Aegidienkirche
Hannover

Kniender Hirte (Demut), 1956, Bronze, H.: 33 cm

Sitzendes Mädchen, 1960, Bronze, H.: 28 cm

Wächter, 1960/63, Bronze, B.: 220 cm

Seite 70

Gewappnete Athene, 1968, Bronze,
H.: 25 cm

Diagonal, 1965/66, Bronze, B.: 16,5 cm

Harpyie, 1965, Bronze, B.: 108 cm

Speerträger, 1964, Gips für Bronzeguß,
H.: 410 cm

Schachtelhalmfigur, 1965, Gips, H.: 200 cm

Blattstele, 1978/79, Bronze, H.: 225 cm

Wachstum, 1968, Bronze, H.: 24 cm

Detail der *Blattstele*, Abb. S. 72 rechts oben

Der gute Hirte (Entwurf für die 460 cm hohe Plastik an einem Gebäude der Tierärztlichen Hochschule Hannover), 1962, Bronze, H.: 20,5 cm

Liegendes Fohlen, 1952, Bronze, B.: 36 cm

Katze, 1951, Bronze, B.: 35 cm

Pietà, 1964, Bronzerelief,
B.: 39 cm. Je ein Guß der großen
Fassung (unterlebensgroß) befindet sich in Unna und in Köln.

Gekreuzigter, 1963, Bronze,
H.: 300 cm

Entwurf für ein Mahnmal, 1968, Gips, H.: 46 cm

Im hannoverschen Atelier:
Wand mit Entwürfen und Kleinbronzen

Engel, 1955, Bronzerelief, B.: 26 cm

Mutter und Kind (Entwurf für eine nicht ausgeführte große Plastik an der Marktkirche Hannover), 1962, Bronze, H.: 24 cm

Kniende mit erhobenem Kopf, 1954/55,
Bronze, H.: 31 cm

Liegende, 1955, Bronze, B.: 24 cm

Liegende, 1955/56, Bronze, B.: 36,7 cm

Kleine Stehende mit verschränkten Armen, 1967/68, Bronze, H.: 21,2 cm

Eva, 1959, Bronze, H.: 25 cm

Mädchengruppe, 1968, Bronze,
H.: 17 cm

Gipfel, 1965, Bronze, H.: 12 cm

Nichtstuer, 1956, Bronze, H.: 9 cm

Hauptfluß und Nebenflüsse, 1968, Bronze, B.: 13 cm

Klage, 1966, Bronze, H.: 75 cm

Abschied und Wiederkehr (Grabmal), 1969/70, Muschelkalksteinrelief, H.: 270 cm

Ruine Mensch, 1966, Bronze, H.: 31 cm

Die Gequälte, 1965, Bronze, B.: 27 cm

Klage und Trauer

Schon in Kassel und während der ersten Zeit in Hannover hatte Kurt Lehmann das Thema Klage wiederholt bedrängt. Die Gestalt des niedergebrochenen Jünglings war für ihn zum Inbegriff der Trauer geworden. In dem weitgehend abstrahierten Bronzerelief „Erschöpfter" (H.: 65 cm) knüpfte er 1961 an frühere Darstellungen an. Sechs Jahre später gab es eine Neufassung eines älteren Muschelkalksteinreliefs von 1953/54, in dem die Figur in Draufsicht erfaßt ist: „Kniender Jüngling" (Abb. S. 54). Diese dem Künstler geläufige Perspektive lag auch einer vollplastischen Gestaltung des Themas zugrunde, die für ein nicht ausgeführtes Mahnmal gedacht war (Abb. S. 85). Diese Skulptur mit dem Titel „Klage" gibt, abermals auf stark vereinfachte Weise, einen blockartig hingekauerten Jüngling wieder, der das Gesicht in den übereinander geschlungenen Armen verbirgt.

Dem Umkreis des Themas Klage und Trauer sind weitere Arbeiten zuzurechnen, die die Nachtseite des Daseins zum Inhalt haben. Sie offenbaren, daß Lehmann auch in den Jahren des mittlerweile allgemein erreichten Wohlstands der Gesellschaft, die, wie es im Neuen Testament heißt, Mühseligen und Beladenen nicht aus dem Auge verliert. Da formt er, aufs äußerste abstrahierend, eine Gestalt mit schrundiger Haut, die mit gekrümmtem Rücken und angehobenen Knien am Boden liegt – oder zu Boden geschlagen wurde. Allein die Füße, das Gesäß und der auf einem mageren Hals sitzende, seitwärts gewendete Kopf stützen das elende Überbleibsel eines Menschen. „Die Gequälte" hat der Künstler diese Skulptur (S. 87) genannt.

Eng verwandt in Auffassung und Ausführung ist die Kleinbronze „Ruine Mensch" (Abb. S. 87). Eine flache Gestalt steht mit zwei spindeldürren Beinen auf einer schmalen Platte. Das zerlumpte Gewand, ja sogar der Körper ist bis zur Leibesmitte V-förmig aufgerissen. Einige Durchbrüche vermehren das Gespenstisch-Zerrissene dieses menschlichen Wracks, aus dessen tiefen Augenhöhlen das Entsetzen schreit.

Mit gänzlich anderen Stilmitteln schuf Lehmann nach zwei kleineren Fassungen das große Muschelkalksteinrelief „Abschied und Wiederkehr" für das Grabmal der Familie Büchting in Einbeck (Abb. S. 86): ein sehr stark durch die Abstraktion bestimmtes Werk. Der Künstler erläutert seine Arbeit, bei der er gewiß auch an den Mythos von Orpheus und Eurydike gedacht hat, wie folgt:

„Der Umriß ist als ein Tor anzusehen, das Ehrfurcht vor dem Übergang und vor den Wandlungen ausdrücken soll.

Der Stein ist gegliedert in die beiden Schichten: Vergehen und Wiederkehr; er ist im Grundriß gesehen als senkrechte Stufe gestaltet. Die Rückansicht ist mir dabei so wichtig wie die vordere Ansicht. Da jeder Übergang ein Durchbruch in einen anderen Bereich ist, habe ich an der Nahtstelle den Stein durchbrochen.

Die Frauengestalt, die das Scheiden versinnbildlichen soll, ist im Umriß gehalten und steht flüchtig auf dem vertieften Untergrund. Die männliche Figur, die die Wiederkehr versinnbildlicht, ist in eine Senkrechte verwandelt, die das noch Gegenwärtige zum Ausdruck bringt."

Auf Reisen

Ende der fünfziger und in der ersten Hälfte der sechziger Jahre hat Kurt Lehmann Gelegenheit, wieder auf Reisen zu gehen. Zunächst ist 1958 Griechenland das Ziel. Er besucht die wichtigsten klassischen Stätten und zeichnet viel, nicht nur die steinernen Zeugen der antiken Welt, sondern auch – Ziegen. Den stärksten Eindruck hinterläßt der Wagenlenker in Delphi. Der Künstler kann sich nicht sattsehen und legt sich sogar auf den Boden unter die berühmte Statue, um alle Einzelheiten genau studieren zu können.

Die Griechenlandreise bedeutete für ihn eine Bestätigung seiner selbst. Er hatte die ihm gegebenen Möglichkeiten bereits im wesentlichen erkundet und verwirklicht. Jetzt konnte er gewiß sein, daß er auf dem rechten Wege war. Selbstverständlich nahm er manche thematische Anregung mit nach Hause.

Nach der Rückkehr modelliert er, die Naturform großzügig vereinfachend, eine weibliche Figur mit weit ausholendem Schritt, wehendem Gewand

Aphrodite (kleine Fassung), 1958, Bronze, H.: 31,8 cm

Aus einem Brief, den Lehmann während seiner Türkeireise 1962 an seine Frau schrieb

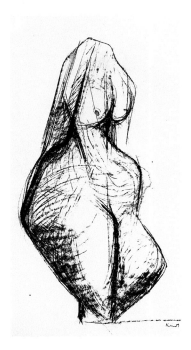

Weiblicher Akt, 1966, Bleistift

und über dem Kopf verschränkten Armen. Er nennt sie „Aphrodite" (1958, Bronze, Abb. S. 88, und Muschelkalkstein, H.: 210 cm); indes läßt diese Gestalt weniger an die Göttin der Liebe denken als vielmehr an eine Mänade aus dem Gefolge des Bacchus.

Zwei Jahre später formt er eine schmale, stehende Figur, eine Senkrechte, die andeutungsweise Menschengestalt angenommen hat. Das Haupt ist weit in den Nacken gebeugt, so daß das Auge, eine mandelförmige Öffnung, die durch den Kopf hindurchgeht, senkrecht steht. Lehmann bezeichnet die kleine Bronze (1960, H.: 26,8 cm) als „Attische Figur". 1962 dient sie ihm als Vorlage für ein Eisengußrelief (H.: 19,4 cm). Fast drei Jahrzehnte später wird sie ihn noch einmal beschäftigen.

„Gewappnete Athene" (Abb. S. 70 links oben) schließlich heißt eine weitere kleine Skulptur, die die Erinnerung an den Aufenthalt im Lande Homers anklingen läßt. Aus vier ungefähr rechteckigen Formen mit rissiger Haut ist die senkrecht auf einem Kubus stehende sehr stark abstrahierte Gestalt der Göttin aufgebaut. Sie strahlt eine starke Dynamik aus, eine innere Bereitschaft, aktiv zu werden. In der Art und Weise, wie die Figur konzipiert und durchgestaltet ist, fordert sie zum Vergleich mit der Plastik „Diagonal" (Abb. S. 70 rechts oben) heraus. Wer sich diese aufgerichtet vorstellt, hat beinahe eine Zwillingsschwester der „Gewappneten Athene" vor Augen.

Nach Griechenland bildeten 1962 Israel und die Türkei (Abb. S. 89) Kurt Lehmanns nächste Reiseziele. Er war zusammen mit Architekten unterwegs, und so galt die Aufmerksamkeit vor allem dem Bauwesen. Den Bildhauer interessierten dabei besonders die plastischen Grundformen, die er sowohl an historischen Denkmälern als auch modernen Schulbauten aufspürte.

1965 folgte eine vierwöchige Rundreise durch Irland. In einem Bericht, den er darüber geschrieben hat, ist nicht nur die Begeisterung zu spüren, mit der er durch die „grüne Insel" fuhr, auch seine Beobachtungsgabe und seine oft humorvoll über den Dingen stehende Erzählweise bereiten ein rechtes Lesevergnügen:

„Man muß dieses Land riechen mit seinen Torffeuern, von seinem Wetter durchfeuchtet, von seinem Wind durchweht sein, – von seinem Whisky und von seinem Tee belebt und angeregt sein, um zu spüren, was Irland ist.

Reden wir vom Wetter!!

In Irland ist das Wetter von unvorstellbarer Auswirkung. Regen ist in Irland *das* Wetter! Wie hätten sich seine Erzähler und Dichter so entwickeln können, wenn nicht diese Nässe und die Nebel die Menschen an das Kaminfeuer gedrängt und nach innen gerichtet hätten? Und wenn nicht die wunderbar langen, dämmrigen Abende wären, wo man bei Tee oder Whisky zusammenhockt, – erzählt, und die Wirklichkeit zu Poesie transponiert.

Das Wetter wandert in ständiger Veränderung über Irland. Während wir noch die aufgehende Sonne bestaunen an einem Himmel, der in Grünewaldschen Glorienfarben glüht, zieht schon das nächste Unwetter über den Horizont herauf. Es regnet in warmen Strömen, um in kurzer Zeit wieder aufzuhören. Sonne bricht durch, und der herrlichste Regenbogen spannt sich über die grünen Weiden.

Wir hatten uns in einem irischen Gutshof-Hotel mit Namen Aclair-House, etwa 40 km nördlich von Dublin entfernt, eingemietet: Das Herrenhaus des Gutshofes hätte von Laves erbaut sein können. Es hatte einen klassischen Portikus mit Säulen und Stufen als Vorbau.

Auf unserem Spaziergang hatten wir uns einmal verlaufen. Der Weg führte nur auf ein Gehöft. Ein alter Bauer reparierte seinen Zaun. Er trug nur Lumpen und ein Gebiß, das ihm so wenig paßte, daß meine Frau ihn in Verdacht hatte, er trüge es wohl nur als Leihgabe. Bei seiner Hose konnte man nicht feststellen, ob sie schwarz war und von oben mit Schimmel bewachsen oder grün und von unten mit Teer ‚überwuchert'. Er lud uns freundlich ein, näher zu treten, die Kartoffeln seien fertig. Er pickte aus dem Kessel über dem Torffeuer je eine blasse Pellkartoffel auf eine Gabel und stellte das Salzfaß dazu. Nach dieser Mahlzeit zeigte er uns den Rückweg. – So gastfrei, wie die Menschen, scheinen auch die Dorfköter zu sein. Sie kläffen nicht: ‚Mach, daß du weg kommst!', sondern bellen: ‚Komm doch 'rein!'. Ein schwarzer Dorfhund, der auf den Namen Kennedy hörte, zog bei seinem Versuch, meine Frau ins Haus zu holen, ihren Regenmantel kaputt.

Die irischen Hochkreuze sind 3 bis 5 Meter hohe Steinkreuze, von allen Seiten mit Flachreliefs bedeckt, die anstelle von Kirchen als Andachtsstätten dienten. Auf dem Hochkreuz in Monasterboice war eine Anbetung dargestellt, auf der die Heiligen Drei Könige zu viert antreten. Der irische Kollege hatte auf seinem Vorbild mit dem Engel, der die Könige führt, wahrscheinlich nichts anfangen können und einfach noch einen König daraus gemacht. Diese Hochkreuze zeigen in ihrer Grundform das christliche Kreuz, das in das alte gälisch-heidnische Sonnenzeichen, den Kreis, gesetzt ist. Ein zwingendes Zeichen! Schon von ganz weitem ist es klar zu erkennen und wird St. Patrick, dem großen Apostel Irlands und Nationalheiligen, zugeschrieben (372–461). Ein Amerikaner unserer Reisegesellschaft sagte dazu: ‚Oh, an invention of St. Patrick. A very clever boy.' Wir fanden ein mächtiges Hochkreuz in Kells auf der Kreuzung der beiden Hauptstraßen, einer Art von Marktplatz. Man erzählte uns, im Mittelalter habe dieses Kreuz als Galgen gedient.

Auf dem Friedhof von Monasterboice stehen Grabsteine aus den Jahren 1824 und 1842. Die Aufschriften dieser Grabsteine zeugen von der

Weiblicher Torso, 1926, Bronze, H.: 25 cm

Torso, 1969, Terrakotta, H.: 55 cm

furchtbaren Hungersnot, ein Grabstein trägt die Aufschrift von einem Vater und sechs Kindern, die in einem Jahr starben.

Im Norden ragen scharfkantige Klippen gewaltig groß in die Brandung hinein, die vom Ozean heranrollt. Man glaubt es, daß hier die Tristan-Sage ihren Ursprung hat. – Mir, als Bildhauer, haben die Giants Couceway einen überwältigenden Eindruck gemacht. Das sind gewaltige Felsen, Basalt, zu sechseckigen, turmhohen Säulen kristallisiert. Mal hat man ihre sechseckigen Grundrisse vor sich, wie Bienenwaben in überdimensionaler Plastik. Mal drängen sich, immer höher steigend, die Trommeln der Pfeiler wie zu einem Riesentempel mit mysteriöser Mathematik in scharfer, plastischer Steinsprache, über den ganzen Bezirk.

Wir sahen Dörfer und Städte, sahen die Menschen in Armut und Fröhlichkeit, stets in geselligen Grüppchen. Ihre Hauptbeschäftigung scheint das Unterhalten und das Diskutieren zu sein. Ein Sprichwort der Iren sagt: ‚Zanken ist besser als einsam sein.' Ihren ungeheuren Konsum an Whisky und Guinness-Bier erklären die Iren mit den Worten: ‚In Irland ist es so schön, daß man es nicht ohne Alkohol aushalten kann.'" [18]

Sinnenfrohe Frauengestalten

In den letzten hannoverschen Jahren Kurt Lehmanns bis zu seiner Emeritierung 1970 kündigt sich etwas Neues an: Er modelliert eine Reihe von prallen, sinnenfrohen Frauengestalten mit üppigen Brüsten und Gliedern. Vielleicht ein Nachhall der Irlandreise, die ihn die Natur neu erleben ließ? Genau besehen ist das Neue indes gar nicht so neu für ihn, denn schon 1926 hatte er in Kassel einen „Weiblichen Torso" (Abb. links oben) mit schwellenden Rundungen gemacht, und 1953, bereits in Hannover, entstand ein weiblicher Akt, dessen Bezeichnung „Dicke" alles sagt. Die „Badende" (Abb. S. 61) ist eine Huldigung an das Gerundete schlechthin. Auch andere kleinformatige weibliche Akte wie die „Kleine Stehende mit verschränkten Armen" (Abb. S. 82) und die „Mädchengruppe" (Abb. S. 83) geizen nicht mit ihrer vollen Plastizität. Allerdings werden sie darin noch übertroffen von dem Bronzerelief der „Bacchantinnen" (1968, H.: 40 cm), das fast an eine hügelige Landschaft aus der Vogelschau denken läßt, und dem „Torso" (Abb. links), der geradezu als Lehrbeispiel für die rhythmische Abfolge von Höhlungen und Wölbungen genommen werden kann. Ihr sanft gleitender Wechsel besitzt Musikalität. Die genannten Werke entstanden, das darf nicht übersehen werden, nicht in unmittelbarer Aufeinanderfolge, sondern gleichzeitig mit anderen ganz gegensätzlichen Arbeiten. Immerhin häufen sich die runden Formen und weisen auf die in Staufen/Brsg. entstehenden Arbeiten voraus.

Dialoge mit dem Gegenüber

Für einen Bildhauer, der wie Kurt Lehmann immer auf die Menschen zugeht, haben Porträts ihren eigenen Rang. Denn sie sind Zeugnisse für den intimsten Dialog des Künstlers mit dem Gegenüber. Schon aus der Studienzeit in Kassel datieren die ersten Bildnisse, und man begegnet ihnen in allen Schaffensabschnitten. An eine Porträt-Sitzung erinnert sich Lehmann besonders gern – an die mit Dr. Max Tau, dem ersten Friedenspreisträger des deutschen Buchhandels. Max Tau, Lektor beim Bruno-Cassirer-Verlag in Berlin, mußte 1938 nach Norwegen emigrieren. Nach dem Krieg, in dem seine Angehörigen von den Nationalsozialisten umgebracht wurden, trat er in Wort und Schrift unermüdlich für Frieden und Versöhnung ein. Besonders um die Verbesserung der Beziehungen zwischen Norwegen und Deutschland hat er sich verdient gemacht. Trotz allem, was geschehen war, behielt er seinen Glauben an den Menschen. Während eines Aufenthalts in Hannover entstand das Porträt, das in der Max-Tau-Schule in Kiel seinen Platz gefunden hat. Unmittelbar im Anschluß an Taus Besuch im Atelier Kurt Lehmanns wurde der nachstehende, in der „Hannoverschen Allgemeinen Zeitung" vom 20./21. März 1965 veröffentlichte Text des Verfassers geschrieben (hier leicht gekürzt wiedergegeben).

„Das vollkommenste Werkzeug sind die Hände

Aufzeichnungen im Atelier

Ein Sturzbach von Vorfrühlingslicht flutet durch die Fensterfront des in der Nordwestecke des Herrenhäuser Großen Gartens versteckten Ateliers, überspült die Bronze- und Steinplastiken, die Werkzeuge.

Im angrenzenden Teil des Gebäudes, das allein durch die Fenster im Dach erhellt wird, hat Kurt Lehmann auf einer drehbaren Werkplatte aus geschmeidigem Ton einen Klumpen geformt, der ungefähr die Maße eines Kopfes besitzt. Auf einer Kiste steht ein Rohrsessel. Darin nimmt Max Tau Platz. Die Arbeit beginnt.

Ein großer Augenblick. Gelegenheit, über das Geheimnis der Schöpfungsstunde zu meditieren. Was durchaus berechtigt wäre, denn es ist ein wahrhaft erregender Vorgang zu erleben, wie unter den Händen des Künstlers Materie mit Geist erfüllt wird. Etwas Rätselhaftes, etwas Wunderbares. Hier ereignet sich im Gleichnis, was in vielen Schöpfungsmythen als göttliche Tat geschildert wird: Das Unbelebte wird zum Leben erweckt. Der ‚Beleber', der ‚am Leben Erhaltende' hieß der Bildhauer bei den Ägyptern. Gedanken und Vorstellungen, die völlig zutreffen, jedoch, wenn sie ausgesprochen werden, leicht nach falscher Weihe klingen.

Lehmann porträtiert Max Tau in seinem Herrenhäuser Atelier, 1965

festen Konzeption ans Werk machen. Rechts, vorn, hinten, links: die Standpunkte wechseln. Ein plastisches Gebilde ist rundumseitig.

Jetzt läßt Lehmann die Landschaft des Gesichts entstehen. Er wölbt Hügel und buchtet Täler aus, markiert die Waagerechte des Kinns, verbindet isolierte Partien und deutet die ersten kennzeichnenden Linien an. Gelegentlich nimmt er ein Modellierholz zu Hilfe, das vollkommenste Werkzeug jedoch sind die Hände. Ihre Bewegungen sind behutsam geworden, fast scheinen sie den Ton zu streicheln. Nun sind die Ohren an der Reihe: ‚Es sind richtige Buddha-Ohren!'. Lehmann verwendet besondere Sorgfalt darauf und kann sich gar nicht zufriedengeben. Dabei lacht ihm die Freude über das sich ankündigende Gelingen aus den Augen.

Knapp eine Stunde ist vergangen. Max Tau blickt sein Ebenbild kritisch an: ‚Du hast mich schon!' ruft er übermütig. Tatsächlich, in allen wesentlichen Zügen ist das Porträt bereits Gestalt geworden. Die Ähnlichkeit und der charakteristische Ausdruck sind verblüffend – von allen Seiten.

Noch etwa eine Stunde Arbeit, dann heißt es: Pause! Am Nachmittag schließt sich eine weitere Sitzung an, der am andern Morgen noch eine folgt. Bei dieser letzten sind nur noch einige Feinheiten auszuführen: Da wird eine kaum wahrnehmbare Öffnung an der linken Wange verschlossen, eine Fläche oberhalb des rechten Auges geglättet, der Schwung der Stirnfalten ein wenig betont. So ordnen sich die Einzelheiten, der Absicht des Künstlers entsprechend, dem Ganzen unter: Teilfunktionen verströmen ihre dynamische Energie innerhalb der gesetzten Ordnung, bewirken den Ausdruck des Lebendigen.

Zusammengerechnet hat es nicht einmal fünf Stunden gedauert, bis das Porträt vollendet ist. Es ist ein vollkommenes Abbild – und mehr: eine das Entscheidende unterstreichende Interpretation, die das Individuelle ins Typische erhebt, ein Werk, das die glückhafte Begegnung zwischen dem weltweiten Förderer der Literatur und dem bildenden Künstler dokumentiert. Das Wesen Max Taus ist intuitiv erfaßt, mit überlegenem handwerklichen Können gestaltet und vom kritisch wägenden Verstand kontrolliert. Eine schwierige Aufgabe ist souverän gelöst – schwierig deshalb, weil Max Tau, dieser bewegliche, leicht entflammbare Geist, seinen Gesichtsausdruck ständig wechselt.

Die stark betonten Ohren und der leicht geöffnete Mund verweisen auf die für den Lektor Max Tau typische Daseinssphäre, das Hören auf die Argumente des Gegenübers und die eigene Stellungnahme, Rede und Gegenrede, Kontakt mit anderen. Die Stirnpartie scheint von den Anstrengungen des Denkens geformt, aus den Augen sprechen distanzierendes, hellwaches Beobachten, zugleich aber Weisheit, unendliche Güte – und die Erfahrung schweren Leides."

Damit aber hat diese Stunde gar nichts zu tun. Sie wird regiert von einem fröhlich hin- und herfliegenden Gespräch. Und vom Handwerk.

Von hinten nach vorn arbeitend, baut Lehmann mit weitausholenden Armbewegungen die Grundform des Schädels auf. Seine Augen tasten das Modell ab, prüfen, was sich unter seinen Händen bildet, wieder und wieder. Heitere Gelassenheit mildert die Anspannung des Schaffens, die sein Gesicht zeichnet.

Immer deutlicher prägt sich die Gestalt des Kopfes aus. Form ruft Gegenform hervor. Es erleichtert Lehmann die Arbeit, daß er Max Tau bereits persönlich kennt; so kann er sich mit einer

Vom Individuellen zum Typischen

Die seit etwa Mitte der fünfziger Jahre fortschreitende Abstraktion der Figuren bedeutet einen Verlust an Individualität. Gerade diese aber erkennbar zu machen, ist die Aufgabe des Porträts. Wenn es über das Persönliche hinaus etwas allgemein Bedeutsames zum Ausdruck bringt, verdient es um so höhere Anerkennung. Lehmann hat diesen Schritt vom Individuellen zum Typischen fast immer tun können, weil er von Anfang an darauf aus war, nicht einen physiognomischen Augenblick, sozusagen eine Momentaufnahme des meist unablässig wechselnden Mienenspiels, festzuhalten, sondern das Wesen, soweit überhaupt möglich, sichtbar zu machen. Kopfform und Gesicht bilden die äußere Hülle für den im Inneren verborgenen geistig-seelischen Kern.

Bei dem Bildnis des hannoverschen Kritikers und Literaten Johann Frerking (Abb. S. 95 links) ruht

Porträt Max Tau, 1965, Bronze, H.: 26 cm

das breite leicht angerauhte Oval des massigen Schädels ohne Hals auf der Grundplatte. Der Kopf ist leicht zurückgebeugt, als wolle er Abstand nehmen von dem, was die Augen sehen. Sie liegen weit geöffnet und blicken prüfend in tiefen Höhlungen unter den wulstig herausgearbeiteten Augenbrauen hervor. Die gerade Nase kontrastiert als Senkrechte zu den Waagerechten der Augenbrauen und des fest geschlossenen Mundes, dessen Unterlippe sich beinahe trotzig über dem vorgewölbten Kinn emporschiebt. Ein selbstbewußter Mann, dieser Johann Frerking. Jemand, der aufgeschlossen ist für das, was ihm vor Augen kommt, seien es Bücher, Bilder oder Theateraufführungen, zugleich aber ein Mensch, für den das Auf-Distanz-Gehen zum Lebensinhalt gehört. Wer wollte in diesem Porträt nicht den Kritiker erkennen?

Eine kritische Haltung spricht auch aus dem Gesicht des Schauspielers Max Gaede (Abb. S. 95 rechts), der jahrzehntelang in Hannover zu den Protagonisten zählte. Die hochgezogenen Augenbrauen verstärken das Abwägende des Blicks, die kräftige Nase tritt deutlich hervor, der Mund mit schmalen Lippen ist fest verschlossen. Das gescheitelte Haar geht kaum tastbar in die Schädelform mit der unruhig genarbten Haut über. Der prüfende Blick dieses Gesichts ist, anders als bei Frerking, dem Beobachtenden und betrachtend Meditierenden, auf das Handeln gerichtet, auf das, was der nächste Augenblick verlangt. Kurz: Es ist die Spannung des Schauspielers vor dem bevorstehenden Auftritt.

Auch dieses Bildnis bestätigt die Beobachtung des Mainzer Kunsthistorikers Ulrich Gertz: „So weltoffen, kontaktfreudig und naturverbunden Kurt Lehmann ist, so verbunden ist er den Werken und dem Wesen der Kulturen, die er studierte. Keine jedoch hat ihn von seinen, nur ihm eigenen Imaginationen ablenken, keine ihm ihre Grammatik und Syntax plastischen Gestaltens zur Regel auferlegen können. Die Werke der Zeitgenossen hat er studiert; beiseite geschoben hat er das ihm unzulänglich Erscheinende, das Sinn-Entleerte, das blutleer Perfektionierte ... Jedes seiner Bildnisse und jedes seiner Details ist bewußt und stetig kritisch überprüft gestaltet, existiert vorbedacht, sinngemäß. Jedes Bildnis hat seinen besonderen Klang. Der in jedem einzelnen Werk tönende Akkord ist eine ‚Situation' seines differenzierenden, sich subtil äußernden ‚Stils'."[19]

Kurt Lehmann und Max Gaede im Atelier

Porträt Johann Frerking, 1958/59, Terrakotta, H.: 25,5 cm

Porträt Max Gaede, 1960, Bronze, H.: 32,2 cm

Unruhige Jahre

Ende der 60er Jahre begann Kurt Lehmann für den Lebensabschnitt nach der Emeritierung vorzusorgen. Schon häufig war er mit seiner Frau im Münstertal, südlich von Freiburg im Breisgau, gewandert und hatte sich dort wohlgefühlt. Eines Tages lernte er bei einem Konzert in Staufen den Bürgermeister des Ortes kennen. In der Pause meinte Lehmann: „Es ist so schön hier, da müßte man ein Haus bauen." – „Können Sie haben", war die Antwort. Lehmann griff zu und baute am Rande der kleinen mittelalterlichen Stadt ein schlichtes Wohnhaus mit Atelier. Es liegt am Fuß eines mit Reben bewachsenen und von einer Burgruine bekrönten Hügels. Ein idealer Platz – nicht nur für einen Bildhauer. Er war nicht der einzige der in Kunst und Wissenschaft Tätigen, die sich hier niedergelassen hatten. Zu den Neubürgern Staufens zählen oder zählten auch Erhart Kästner, ehemals Direktor der Herzog August Bibliothek in Wolfenbüttel, Friedrich Wittig, Verleger aus Hamburg, Peter Huchel, Lyriker und bis zu seiner Ausreise aus der DDR Chefredakteur der Zeitschrift „Sinn und Form", und Herbert Wolfgang Keiser, pensionierter Direktor des Landesmuseums in Oldenburg.

In seinen autobiographischen Notizen erläuterte der Künstler später die Gründe für seinen Umzug nach Süddeutschland: „Warum in das Markgräfler Land? In vielen Schwarzwaldferien fühlte ich mich da zu Hause. Jetzt weiß ich warum. Die Weinberge vor meinem Bau in Staufen sind das, was ich in meiner Kindheit in Koblenz um mich sah. Der Blick in die Rheinebene hat die Weite und viel Himmel darüber wie Niedersachsen. Am Horizont die Vogesen, im Rücken der Schwarzwald und kulturgetränkter Boden ringsum. Die Landschaft hat mich aufgenommen und füllt mich auf, wie es das Kunstwerk Großer Garten in Herrenhausen tat."[20]

Als Lehmann von Hannover Abschied nahm, war der Sturm, den die Studentenbewegung von 1968 entfacht hatte, noch keineswegs abgeflaut. Die junge Generation rebellierte gegen die ihrer Väter, gegen bis dahin gültigen Normen auf allen Lebensgebieten, gegen die bestehenden Institutionen, besonders die Hochschulen. Ziel war eine veränderte Gesellschaft, was auch immer darunter verstanden wurde. Der Krieg der Amerikaner in

Flucht, 1986, Bronze, H.: 26 cm

Vietnam vor allem brachte die jungen Leute immer wieder zu Demonstrationen auf die Straße. Es begannen die Jahre des Terrorismus im eigenen Lande. Und das in einer Welt, die bedroht war durch die atomare Aufrüstung der beiden Hauptgegner im Ost-West-Konflikt, die Vereinigten Staaten von Nordamerika und die Sowjetunion.

Im Wettlauf um das Vordringen des Menschen in den Weltraum geht die UdSSR 1957 in Führung. Die Amerikaner folgen in kurzem Abstand; 1969 landen sie als erste auf dem Mond. Die hochentwickelte Raketentechnik macht diese Erfolge möglich, zugleich aber läßt sie erkennen, welch ungeheures Vernichtungspotential die Verbindung von Rakete und Atombombe bedeutet.

Das geteilte Deutschland vor allem litt unter der Gegnerschaft zwischen West und Ost, dem Kalten Krieg. Ein zwiespältiger Zeitabschnitt, voll unüberwindbar scheinender Gegensätze. Ist es verwunderlich, daß unter solchen Vorzeichen in Lehmanns Atelier auch Plastiken entstehen, die Klage und Trauer zum Ausdruck bringen und den Zeitgenossen die „Ruine Mensch" (Abb. S. 87) zeigen?

Auch im Bereich der Kunst hinterließ die 68er Bewegung ihre Spuren. Die beiden Jahrzehnte nach 1945 bedeuteten für viele der jungen Generation kaum etwas. Dabei war es doch die Zeit der großen Bestandsaufnahme gewesen, in der Künstler und Gesellschaft sich darüber informierten, was ihnen während der nationalsozialistischen Diktatur vorenthalten worden war. Damals hatte die klassische Moderne ihre große Stunde. Ihr weithin beachtetes Spiegelbild gab die von Arnold Bode ins Leben gerufene erste internationale „documenta"-Ausstellung 1955 in Kassel. Außer einem Rückblick bis in die Zeit vor dem Ersten Weltkrieg bot sie auch nach dem Zusammenbruch des NS-Regimes hervorgetretenen Künstlern ein Forum. Kurt Lehmann war mit seiner Kindergruppe von 1952/53 vertreten. In den folgenden Jahren drängten die Abstrakten immer weiter nach vorn. Neo-Konstruktivisten, vor allem aber Informel bzw. Action-painting waren aktuell. Daneben kamen weitere neue Kunstrichtungen auf wie die Pop-art aus England und Amerika, Happenings und Environments, Minimal-art und Objektkunst. Auch in der Plastik wurde die menschliche Figur durch abstrakte Gebilde weitgehend verdrängt. Nach 1968 nahmen politische Richtungen die Kunst in ihren Dienst. Zahlreiche junge Künstler übten Kritik an der Gesellschaft und ließen nur das als Kunst gelten, was ihrer Meinung nach das gesellschaftliche Bewußtsein zu verändern in der Lage war. Lehmann verfolgte alle diese Bestrebungen sehr aufmerksam, aber er ließ sich dadurch nicht behelligen. Er blieb seinem inneren Gesetz verpflichtet.

Bacchus, 1970, Bronze, H.: 26 cm

Staufen: Dionysisches Lebensgefühl

Die Übersiedlung nach Staufen 1970 bedeutet den Beginn eines Spätwerks aus der Fülle des Lebens. Die größere Nähe zur Natur, der tägliche Anblick einer Landschaft mit Weinbergen wecken ein dionysisches Lebensgefühl. Es strömt hinein in Bildwerke von erdhafter Kraft. Als erstes in den Trauben schmatzenden Bacchus. Der ist ein Willkommensgruß an die neue Heimat. Breitbeinig mit angezogenen Knien sitzt der Gott des Rausches und der triebhaften Naturkräfte auf dem Boden. Als die Bronze (Abb. unten) fertig war, setzte Lehmann sie auf die Bruchsteinmauer seines Grundstücks. Das Ergebnis: Ein Zusammenklang von Natur und Kunst, wie er schöner und anmutiger kaum zu denken ist. Eine große Fassung der Figur wurde 1975/76 für Freiburg/Brsg. ausgeführt (Bronze, H.: 119,2 cm).

Lehmanns Liebe gilt jetzt vorzugsweise den runden weiblichen Formen, in ihnen lebt die Vorstellung von der Urmutter Erde, dem Quell aller Fruchtbarkeit, weiter. In diese Reihe gehören neben anderen die „Femme debout" (Abb. S. 99), der „Weibliche Halbakt" (Bronze, 1972/75, H.: 55 cm), die „Ruhende" (Rheinkieselfigur) (Abb. S. 98) sowie zwei weibliche Torsi in Betonguß (1973/74, H.: 22,3 cm) und Bronze (Abb. S. 98). Die blockhaft wirkende Bronzeskulptur, in Wahrheit ein riesiges leeres Gefäß, besteht aus nur fünf großen voluminösen Formen, den Brüsten, dem leicht gewölbten Leib und den prallen, seitlich weit ausschwingenden Oberschenkeln. So sehr dieser Torso als etwas ganz Naturhaftes, als Gewachsenes erscheint, so ist er doch zugleich auch ein übersichtlich gegliedertes architektonisches Gebilde. Die beiden einander entgegengesetzten, für Kurt Lehmann so kennzeichnenden Kräfte des Wachsens hier und des Bauens dort finden sich zur Synthese vereinigt.

Das gleiche trifft auch für die erwähnte Rheinkieselfigur zu. Sie sieht aus, als sei sie aus unterschiedlich großen Kieselsteinen, die vom Wasser rund geschliffen wurden, zusammengesetzt. Wie die Gestalt in leichter Schräglage in das querformatige Rechteck der Reliefplatte hineingezwängt wurde, strahlt sie eine urige sinnliche Kraft aus. Eng verwandt mit ihr ist die „Beerenfrau", die, wie schon der Name verrät, aus Beerenformen zusammengewachsen scheint (1975, Bronze, H.: 15 cm).

Weiblicher Torso,
Vorder- und Rückansicht,
1973/74, Bronze,
H.: 36 cm

Ruhende (Rheinkiesel-
figur), 1973, Bronzerelief,
B.: 40 cm

Femme debout, 1972, Bronze, H.: 134 cm

Noch einmal: Porträts

Porträts anzufertigen, einerlei ob aufgrund eines Auftrags oder auf eigenes Verlangen, betrachtet Lehmann bis ins hohe Alter hinein als Herausforderung. Auch nach der Übersiedlung in den Breisgau entstehen in Abständen Bildnisse von großer Eindringlichkeit. Den Anfang macht der Kopf seines Bruders Bruno, ein Werk, das die Ausnahmesituation dieses vom Schicksal hart getroffenen erblindeten Menschen überzeugend vermittelt (Abb. S. 101).

Kurt Lehmann berichtet, er habe seinem Bruder oft stundenlang vorgelesen, u. a. die Dramen Shakespeares und der alten Griechen. Dabei habe er mehr gelernt als in der Schule. Merkwürdig, daß er selber sich niemals durch Literatur zu Skulpturen anregen ließ. Auf diesem Felde kennt er sich im übrigen gut aus. Besonders hoch schätzt er Theodor Fontane. Seiner leisen Menschlichkeit, seinem über den Dingen stehenden Wirklichkeitssinn und seiner großartigen Erzählsprache kann er sich nicht entziehen. Er betrachtet ihn als Freund, der ihm hilft, wenn nötig, wieder ins Gleichgewicht zu kommen. Daher liegt eine Fontane-Anthologie griffbereit auf seinem Nachttisch. Ihr Titel: „Lerne denken mit dem Herzen."

Denken mit dem Herzen: Nicht nur dies entspricht Kurt Lehmanns Wesen. Er sieht auch mit dem Herzen. Vor allem bei seinen Bildnissen zeigt sich das immer wieder. Das Bestreben, dem zu Porträtierenden gerecht zu werden, das Zentrum seiner Persönlichkeit und nicht etwa nur die äußere Ähnlichkeit erscheinen zu lassen, führt zu jeweils ganz eigenen formalen Lösungen. Auch die Porträts aus Staufen beweisen es. Da ist der Kopf des Dichters Peter Huchel (Abb. unten). Das volle dichte Haar liegt wie ein Kranz über der Stirn, die Augenbrauen wölben sich buschig über den schweren Augenlidern, der Blick ist leicht abwärts gerichtet, scheint jedoch mehr ins eigene Innere zu zielen. Die gerade Nase mit ausgeprägten Nasenflügeln und die scharf gezeichneten geschlossenen Lippen stellen wichtige Gliederungselemente des Gesichtes dar, aus dem Gelassenheit und Einsicht in das Unabänderliche sprechen.

Das Porträt des Bühnenbildners Rudolf Schulz (Abb. S. 102), der lange als Ausstattungsleiter der

Porträt Peter Huchel, 1977, Betonguß, H.: 32 cm

Porträt Bruno Lehmann, 1971, Betonguß, H.: 28 cm

Niedersächsischen Staatstheater Hannover arbeitete, wird beherrscht von dem mächtigen Brillengestell. Wie ein Schutzwall rahmt es die Augenpartie ein und korrespondiert mit der Gegenform des Mundes, dessen volle Unterlippe die Einwölbung des Kinns kraftvoll überragt. Der massige Kopf neigt sich leicht in den Nacken, damit der wache, prüfende Blick ein möglichst großes Gesichtsfeld umfassen kann.

Am Bildnis Frau Illa Müllers (Abb. S. 102) fesselt vor allem die Ansicht im Profil. Auch für dieses Porträt gilt, was Ulrich Gertz anmerkt: „Es gibt keine Formvokabeln, die wie Stempel Anwendung finden. Jedes Detail ist eine plastische Situation: Die Knopfaugen beim Johann Frerking (Abb. S. 95) genauso wie die Augenschlitze bei Illa Müller oder das in die Jochbeine hineingezogene Öffnen der Lider im Porträt Peter Huchel. Diese subtilen Differenzierungen gleicher Situationen werden zu sinnverstärkenden, gestaltsteigernden Motiven. Nichts ist zufällig oder entsteht zufällig. Jedes Detail fügt sich der vorherrschenden Gestaltlogik ein."[21]

Porträt Illa Müller, 1979,
Bronze, H.: 29 cm

Porträt Rudolf Schulz, 1979,
Betonguß, H.: 35 cm

Wieder auf Reisen

Anfang 1967 war der Künstler zum 70. Geburtstag Max Taus zu einem kurzen Besuch nach Oslo gefahren, 1968 lockte ihn Griechenland noch einmal, dann kamen die Zeit des Hausbaus in Staufen und der Umzug. 1973 verbrachte er drei Monate als Ehrengast in der Deutschen Akademie Villa Massimo in Rom, wo er sich schon 1930/31 als Stipendiat aufgehalten hatte. „In Rom", schreibt er darüber, „wanderten wir täglich – meine Frau war ein unentwegter Reisekamerad – durch die Stadt und ihre nähere und weitere Umgebung. Überraschende Sichten von architektonischen Abläufen. Ein Beispiel für viele: An der hohen Mauer öffnen wir das große Tor – vor uns die heiteren Arkaden des Renaissance-Hofes der Universität – mit unerhörter Formkraft schraubte sich die Barockpracht von St. Ivo aus diesem Architekturgefüge in den Himmel. Es rauschte mir vor den Ohren: concerto grosso!

Die Jahre der Auseinandersetzung mit der Plastik und der Tätigkeit an der Architektur-Abteilung der Technischen Universität haben meine Aufnahmefähigkeit für alles Gestaltete doch ganz schön ausgeweitet."[22]

1974 fliegt der Künstler in die USA. Er besucht Chicago, Washington und New York. Hier faszinieren ihn die gläsernen Fassaden der Wolkenkratzer, in denen sich die Wolken spiegeln. Tiefen Eindruck macht auch das große Stabile von Alexander Calder mitten in der Stadt mit den Menschen, die gar nicht hektisch darunter hin- und hergehen. Sein Gesamteindruck: New York, das ist ein großartiger Zusammenklang von Architektur und Technik. 1975 ist er wieder in Griechenland unterwegs. 1978 und 1979 fährt er mit der Architekturabteilung seiner alten Hochschule nach Polen. Er bewundert vor allem Krakau mit seinen historischen Bauten und ist betroffen von der Gläubigkeit der Menschen. 1980 schließlich geht es noch einmal nach Paris. Eine langjährige Erkrankung seiner Frau läßt weitere Reisen nicht zu.

Erfindungsreichtum ohne Grenzen

Während der folgenden Zeit wendet sich Lehmanns Interesse dem Alltag mit seinen kleinen Begebenheiten zu. Er schafft eine Anzahl von Kleinplastiken, auch Reliefs, in denen seine Beobachtungen ihren Niederschlag finden. Die Arbeit an diesen Figuren bereitet ihm ersichtliches Vergnügen, sie alle sind mit einem gewissen Sinn für das Komische an der Person oder an der Situation aufgefaßt: „Zwei badende Mädchen" (Abb. unten), pummelige nackte Schöne; die fast ganz aus großen Tropfenformen modellierte weibliche Büste „Rita" (Abb. S. 105); ein „Tanzender Bauer" (Abb. S. 104), eine schwere Gestalt, die sich tapsig wie ein Zirkusbär dreht; ein „Polnischer Bauer" mit neugierigen kleinen Punktaugen (Abb. S. 104); die „Sitzende beim Haarkämmen" (Abb. S. 113); die „Frau beim Haarwaschen" (Abb. S. 114) und die „Tanzende" (Abb. S. 107), die so liebenswert erheiternd wirkt, weil die von ihr eingenommene Position – sie will sich auf dem rechten Bein herumschwingen – überhaupt nicht zu ihrer Körperfülle paßt. Einer anderen Tänzerin („Tanz im Winde" – „Sturz im Winde", Abb. S. 105) ist ein doppeltes Mißgeschick passiert: Der Wind hat ihr das Kleid bis über den Kopf emporgewirbelt, und sie ist gestürzt! Als die Figur fast fertig war, sah Lehmann sie auf einmal mit ganz anderen Augen. Aus dem ersten Entwurf entstand ein zweiter: Zur Liegenden (Waagerechten) gesellte sich die Kniende (Senkrechte).

Spaß an der Freud' hat bei dem „Springenden Gaukler im Rahmen" (Abb. S. 106) Pate gestanden. Auf einer dünnen Metallstange ist die Gestalt eines Artisten befestigt, der mit weit ausgebreiteten Armen und geschwungenen Beinen in den vorgegebenen Raum hineinzuspringen scheint. Man kann sich den Schalk in Lehmanns Augen vorstellen, als er der Plastik noch eine zweite Bezeichnung gab: „Große Sprünge sollten im Rahmen bleiben!"

Daß „Der alte Narr" (Abb. S. 107) ein Verwandter des springenden Gauklers ist, mag einem beim ersten Hinschauen wohl in den Sinn kommen. Doch verhält es sich wirklich so? Dieser der Phantasie entsprungene Kopf ist zwar mit einer spitzen, schräg übergestülpten Narrenkappe bedeckt, aber die Physiognomie verrät nichts Närrisches. Aus diesem Gesicht spricht Abstand nehmendes Beobachten. Das seltsam schiefe Antlitz dieses Menschen hält den, der vor ihm steht, unweigerlich fest. Er ist kein Narr, sondern ein Weiser, der, wie wir bei Shakespeare gelernt haben, die Wahrheit sagt.

Staufen oder die Vielfalt der Themen und Formen – diese Formel drängt sich bei einer Überschau des Spätwerks immer von neuem auf. Es ist ein großartiges Kontrastprogramm, das diese Jahre bieten. Übrigens sind es, was nicht übersehen werden sollte, bereits mehr als die in Hannover.

Zwei badende Mädchen, 1983, Bronzerelief, H.: 26,4 cm

Polnischer Bauer, 1978, Bronze,
H.: 24 cm

Tanzender Bauer, 1974, Bronze,
H.: 38 cm

Menschenpaar, 1979, Bronzerelief,
H.: 22 cm

Rita, 1972, Bronze, B.: 30 cm

Sturz im Winde, 1977/78, Bronze, B.: 30 cm

Seite 106
Springender Gaukler im Rahmen, 1981,
Bronze und Eisenrahmen, H.: 41,9 cm

Tanzende, 1984/85, Bronze,
H.: 35 cm

Alte Frau, 1985, Bronze, H.: 31 cm

Der alte Narr, 1987, Bronze,
H.: 30,5 cm

Harfenspielerin (Türgriff), 1959,
Bronze, H.: 23 cm

Huldigung an Orpheus, 1981,
Bronze, H.: 32,6 cm

Schon 1968 hatte Kurt Lehmann eine stark vereinfachte Bronze mit dem Titel „Wachstum" (Abb. S. 72) vollendet. Fünf Jahre danach macht er abermals eine beinahe abstrakte „Pflanzenform", die allerdings massiger erscheint. In großer Ausführung wurde sie in Bad Dürrheim aufgestellt (Bronze, 1973, H.: 182 cm). Einige Jahre darauf wendet er sich diesem Vorstellungsbereich aufs neue zu. Seine „Blattstele" (Abb. S. 72/73) ist wiederum ein streng gebautes Stück Pflanzenarchitektur, aber es ist der Natur näher. Rundum wird ein kerzengerader dicker Stiel von insgesamt 16 riesigen spitz zulaufenden Blättern umschlungen. Da die Blätter sich wölben und einander überlappen, entstehen schlitzartige Durchlässe, die sich dem Spiel von Licht und Schatten öffnen und die Skulptur rhythmisch gliedern. Ist es abwegig, beim Betrachten dieses bronzenen Gewächses an Goethes Vorstellung der Urpflanze zu denken, die ihm auf seiner Italienreise 1786 im Botanischen Garten zu Padua kam?

Die wohl am weitestgehenden abstrahierte Plastik, die der Künstler jemals modelliert hat, ist die kleine Bronze „Huldigung an Orpheus" (Abb. oben). Sie zeigt allerdings nicht den Sänger der antiken Sage, sondern nur dessen Instrument, eine vereinfachte Lyra. Sie ist aus verschieden breiten wulstigen oder gewölbten Bändern geformt – ein Sinnbild. Wer es anschaut, muß unweigerlich in seiner Phantasie Orpheus dazu auftreten lassen.

Eine ähnliche Arbeit gibt es schon aus dem Jahr 1959, die „Harfenspielerin" (Abb. oben). Hier hat der Künstler die Figur der Musizierenden mit ihrem Instrument so verschmolzen, daß dieses ihren Leib darstellt. Wechsel von positiven und negativen Formen und das nur angedeutete Gesicht als einzige volle Rundform sind die Spannung erzeugenden Bestandteile der originellen Komposition.

Selbstverständlich ist es auch immer wieder die menschliche Figur, die den Künstler in ihren Bann zieht. „Rebecca" hat er eine „Sitzende Frau mit Krug" genannt, die schon 1968 in einer kleinen Fassung (Bronze, H.: 27 cm) gegossen worden war. Jetzt, 1983, stellt er eine große Fassung her (Abb. S. 112). Vielleicht hat er bei der Namensgebung an die Rebecca aus dem Ersten Buch Mose des Alten Testaments gedacht, nähere Hinweise darauf feh-

Entwurfszeichnung zur *Brockenhexe*, vgl. S. 110

len allerdings. Besondere Anziehungskraft indes erhält das Werk durch den sehr ausdrucksstarken Kopf.

Läßt sich ein größerer Gegensatz zu dieser Ruhe vermittelnden Gestalt denken als die „Brockenhexe" (Abb. S. 110)? Dynamik pur! Auf dem Rücken eines springenden Ziegenbocks hockt rittlings, sich nur mit den Füßen festhaltend, ein junges nacktes Weib mit wehendem Haar. So kann kein Mensch auf einem Tier reiten, hier ist Magie im Spiel: Walpurgisnacht auf dem Gipfel des Brockens. Goethes Verse aus dem Ersten Teil des „Faust" kommen in den Sinn: „Es trägt der Besen, trägt der Stock/Die Gabel trägt, es trägt der Bock." Auch der Künstler hat gezaubert. Er hat ungewöhnliche Bewegung in diesen Hexenritt gebannt, ja es gelingt ihm, den Eindruck außerordentlicher Geschwindigkeit zu erwecken. Seine Mittel? Die unterschiedlichen Richtungen mehrerer Diagonalen: Kopf und Leib, Oberschenkel, Beine der Hexe, Hals, Rückenlinie, Vorderbeine, Hinterbeine und Bauch des Bocks. Die hier genannten Linien erzeugen ein wahres Furioso an Bewegung, die in den Raum hineinstößt. Bezeichnenderweise hatte sich Lehmann auch dieses Motiv schon einmal vorgenommen. Bereits 1977 formte er ein sich geringfügig von der Skulptur unterscheidendes Bronzerelief (H.: 12,4 cm, B.: 17 cm). In einer Zeichnung (Abb. oben) ist überdies das Bewegungsschema des Werks festgehalten.

Fast gleichzeitig arbeitet Lehmann an einem großen Relief für das Gebäude des klinischen Hörsaals und des Rektorats der Medizinischen Hochschule Hannover: „Caritas" (Abb. S. 111). Auch dieses Werk hat eine längere Vorgeschichte. Für die Amtskette des Rektors entwarf der Bildhauer 1965 eine Plakette mit den Figuren eines Kranken und eines Arztes und als Inschrift den Worten Unitas, Libertas, Caritas – Einigkeit, Freiheit, Nächstenliebe. Dasselbe Motiv hatte er schon 1957 für ein Bronzerelief (H.: 8 cm) und ein größeres Gipsrelief (H.: ca. 18 cm), beide mit dem Titel „Barmherziger Samariter", verwendet. Nach diesen zwei sich kaum voneinander unterscheidenden Fassungen wurde mehr als 25 Jahre später die nun „Caritas" genannte Endfassung ausgeführt. Es handelt sich dabei um eine für ein Relief überraschend zum Vollplastischen gewendete Umsetzung. Der Aufbau der Figurengruppe ist architektonisch klar. Die Beziehung zwischen Leidendem und Helfendem ist in diesem Werk auf ihre Grundstruktur zurückgeführt. Es wird eine Situation dargestellt, die unabhängig ist von Ort und Zeit. Zu der nüchternen Architektur des Raumes mit der beherrschenden Backsteinwand setzt das Werk einen entscheidenden Akzent.

Bald nachdem das Relief seinen Platz in der Hochschule (MHH) erhalten hatte, bat diese den Künstler um einige Erläuterungen. Der Antwortbrief ist charakteristisch für die Auffassung des Bildhauers über seine Arbeit. Deshalb soll er hier, leicht gekürzt, wiedergegeben werden:

„7813 Staufen/Brsg., den 5. Juni 1985

Lieber Herr Schneider!

In Ihrem Brief vom 14. Mai 1985, für den ich Ihnen herzlich danke, erhoffen Sie von mir einen Bericht ,von den geistigen Hintergründen zu der Geschichte der Kunstwerke, die im Besitz der Medizinischen Hochschule Hannover sind'. Diese geistigen Hinter-

Nereide, 1976/79, Bronze, H.: 126 cm, im Park der Medizinischen Hochschule Hannover

Brockenhexe, 1984, Bronze, H.: 50 cm

gründe sind schwerlich aufzuspüren, meistens fallen sie – aus meiner Erfahrung gesehen – der Vergessenheit anheim; sie sind intuitiv – ein ganz natürlicher und glücklicher Vorgang, damit wieder Platz geschaffen wird für das Kommende. Schon früher, nicht erst jetzt mit meinen nahezu 80 Jahren, tröstete mich meine Frau, wenn ich eine in Arbeit befindliche Figur als abgeschlossen betrachtete und schon nach kurzem, zeitlichen Abstand nichts davon wußte: ‚Du lebst eben von dem, was Du vergißt!' war die Antwort!

Und nun soll ich Ihren Wunsch und den des Rektors erfüllen: Den Entstehungsvorgang meiner Plastiken, die in der MHH zur Aufstellung gelangt sind nachzuvollziehen – wenn das nur gut geht: *Zur Plakette* für die Amtskette des Rektors der MHH:

Um eine eindeutige und einfache Lösung der Plakette zu finden, wurde mir beim Zeichnen, beim Suchen eines Sinnbildes, vom Thema her: ‚Der Arzt und der Kranke' deutlich: Der Arzt, der Helfende, müßte auf der bereits gegebenen runden Grundfläche der Plakette in der Senkrechten, der Kranke dagegen, dem zu helfenden Menschen in der Waagerechten zur Darstellung kommen. Diese beiden Richtungen werden durch die verbindende Diagonale des Arztes zum Kranken zu einer Gesamtform!

Vom ersten Entwurf (1965) des Hochschul-Emblems ‚Caritas' für die Amtskette des Rektors bis zum letzten Auftrag der MHH (1983/84) ist dasselbe Thema, dieselbe Grundkomposition beibehalten, aber in der Ausführung als Hochrelief neugestaltet. Dazwischen liegen 20 Jahre, die nicht nur die Generationen verändern, sondern auch die eigene Formensprache. Dies ist erkennbar, wenn man Plakette und Hochrelief vergleicht. Das Hochrelief, das lebensgroß auszuführen war, stellte nicht nur in der Gesamtkonzeption, sondern auch im Detail völlig andere Ansprüche.

Ein Beispiel: Die helfenden Hände des Arztes und die hilfsbedürftigen des Kranken waren in ihrer Zuordnung ein Thema, das sich in der kleinen Plakettenform erst überhaupt nicht stellte. Während des Arbeitsvorganges ergab sich ebenfalls die Notwendigkeit, die Figurengruppe so zu formen, daß sie sich vor dem Hintergrund der sie tragenden Backsteinwand behauptete. Das Thema: Plastik zu Wandfläche zu Raum stellte sich.

Wenn nun eine neu geschaffene Plastik ihren Standort gefunden hat, taucht immer wieder die

Caritas, 1983/84, Bronzerelief, überlebensgroß

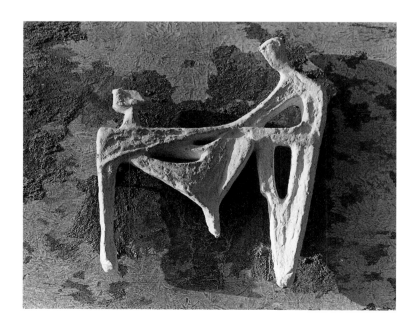

Entwurf zum Relief *Caritas*

Rebecca, 1983, Bronze,
H.: 112 cm (Detail)

Frage auf, was hat sich – in diesem Fall – der Bildhauer dabei gedacht, was Ort und geschaffene Form verbindet: Der Dienst am Kranken und die Dankbarkeit für mitmenschliche Hilfe!
Auf weitere Erläuterungen meiner Gedanken möchte ich verzichten. Sie sind nur dann wertvoll, wenn sie sich im Werk dem Betrachter mitteilen. Ich bin glücklich, daß meine Arbeiten in der Medizinischen Hochschule Hannover so günstige Standpunkte gefunden haben, nun sollen sie die Standpunkte auch vertreten, sie sollten selbst für sich sprechen.
Ich möchte mich auf den Grundsatz zurückziehen: ‚Bilde Künstler, rede nicht!' Mir ist eines wichtig: Neue plastische Vorstellungen drängen in den Vordergrund, neue Figuren wollen gemacht werden. Die Ideen sind eifersüchtig auf Alles, was ins Theoretische, Betrachtende abgleitet. Da bleibt einfach im Inneren kein Platz für Geschaffenes, das zurückliegt. Das Kommende drängt und bedrängt mich, ob ich mich nun über diese Tatsache freue oder ob sie mich belastet. Haben Sie Verständnis für diese, meine Beschaffenheit.

Darum bittet Sie mit herzlichem Gruß und dem Wunsche für Ihr Wohlergehen

Ihr Kurt Lehmann"

In den unmittelbar folgenden Jahren werden früher wiederholt behandelte Themen neu durchdacht und neu geformt. Ein „Kniender Junge" (Gips, um 1985/85, H.: 43 cm), der mit seiner sehr rauhen Haut fast unvollendet wirkt und an Lehmanns trauernde Jünglinge erinnert; ein Bronzerelief „Mutter und Kind" (1985/85, H.: 16 cm), bei dem in einem annähernd eiförmigen Block die als Halbfigur dargestellte Mutter das aufrecht stehende Kind mit der Hand an sich drückt; eine „Gestürzte" (Abb. S. 121) und eine „Liegende" (Abb. S. 121) mit schalen- oder muldenförmig ausgebildetem Körper, einer Variante zur Thematik der Mensch als Hohlform.

Noch einmal die große Senkrechte

Gegen Ende der achtziger Jahre begannen zwei Skulpturen aus länger zurückliegenden Jahren des Künstlers Aufmerksamkeit erneut zu erregen: Die „Attische Figur" und der „Tänzer". Von beiden wollte er eine große Fassung herstellen. „Sie hat mich immer wieder daran erinnert, daß sie endlich gemacht werden wollte!" sagte Lehmann, wenn er von der „Attischen Figur" sprach. Als die Stadt Hannover nach dem Krieg am Weißekreuzplatz ein neues Schauspielhaus plante, wurde der Bildhauer aufgefordert, sich Gedanken zu machen über eine Plastik, die vor dem Theater aufgestellt werden sollte. Es entstanden die ersten Skizzen dazu. Aber das Theaterprojekt scheiterte aus finanziellen Gründen, und einem zweiten erging es nicht anders. Als Ergebnis von Lehmanns Überlegungen kam immerhin die kleine „Attische Figur" zustande. Das Motiv wurde Anfang der sechziger Jahre auch für ein kleines Eisengußrelief benutzt. Daß es 1989/91 neu belebt wurde und zu der „Großen Attischen Figur" (Abb. S. 122/123) führte, liegt, für Lehmann ungewöhnlich, an einem Buch, Christa Wolfs Erzählung „Kassandra". Er war von der Gestalt der trojanischen Seherin, die von der Autorin keineswegs allein als Gestalt des antiken Mythos, sondern auch der bedrohten Gegenwart geschildert wird, so fasziniert, daß er seiner großen Plastik auch den Namen Kassandra gab. In der Tat, das Schreckenerregende, das diese Frau verbreitet, kommt in der großen Fassung begreiflicherweise weitaus packender zum Ausdruck. Der Künstler hat die Seherin in eine Stele verwandelt: Wie ein Baum wächst ihre aufs äußerste abstrahierte Gestalt aus einem hohen Sockel empor. Körperformen und Gewand verschmelzen zu einer Einheit. Als übermenschlich großes Warnzeichen steht sie da: eine Senkrechte als Sinnbild der Bewußtheit und der Ordnung. Sie bedarf keiner dramatischen Gebärden, um den Schmerz zu zeigen, daß niemand an die von ihr prophezeite Katastrophe glaubt, daß das Volk die Wahrheit nicht erkennen will. Kurt Lehmanns Seherin ist nicht nur die der Antike, sondern auch die Stimme der Wahrheit heute. Mit Recht hat sie daher ihren Platz an einer Stätte ge-

Sitzende beim Haarkämmen, 1976, Bronzerelief, B.: 22 cm (Abbildung leicht beschnitten)

Frau beim Haarewaschen, 1973,
Bronzerelief, H.: 27,6 cm

Seite 115
Liebespaar, 1986/87, Gips, H.: 144,8 cm

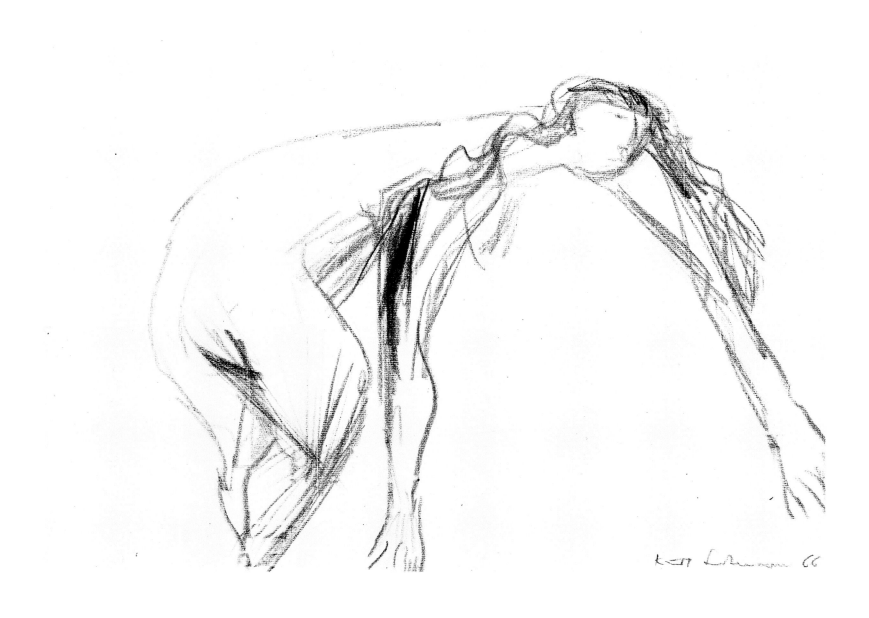

Bewegungsstudie, 1966, Fettstift

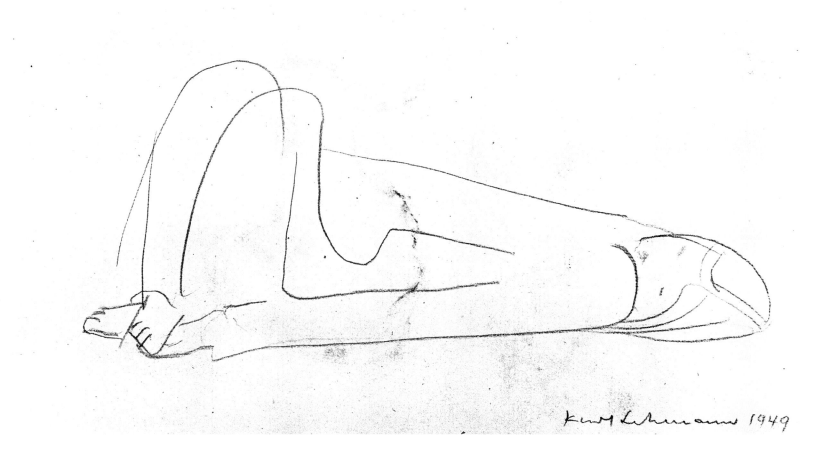

Liegende Katharina,
1949, Bleistift

Liegende, 1951, Kohle
und Bleistift

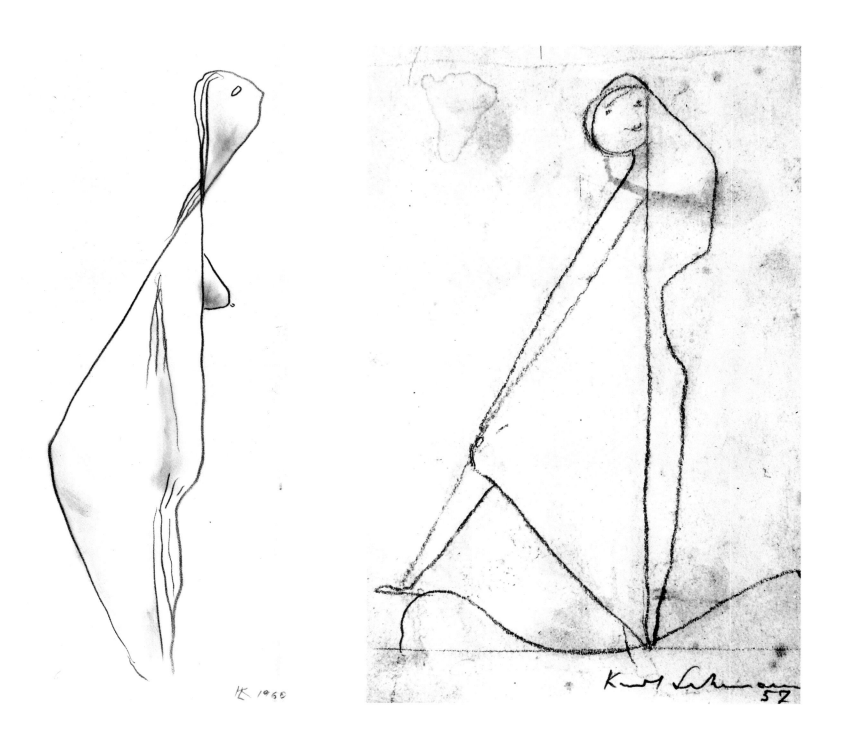

Mädchen, 1960, Kreide

Junge Frau mit Tuch, 1957, Kreide

Zwei weibliche Akte,
1960, Kohle

Mädchen im Wind (Entwurf für eine 220 cm hohe Figur in Kiel-Schilksee), 1965, Bronze, H.: 26 cm

Gestürzte, 1986, Bronze,
B.: 26,5 cm

Liegende, 1986, Gips
für Bronzeguß, B.: 28 cm

Große Attische Figur (Kassandra), 1989/91

Seite 122
Gips für den Guß

Seite 123
Bronzeguß im Foyer des hannoverschen Staatsschauspielhauses, H.: 239,5 cm

funden, die eben dieser Wahrheit dient: im Foyer des endlich doch noch gebauten neuen Schauspielhauses in Hannover.

Als dem Künstler einige Fotos der Skulptur vorgelegt wurden, zitierte er zwei Verse, die er in einer mittelalterlichen Handschrift gefunden hatte:

„Hier hat das Werk ein End',
des freun sich meine Händ'"

Lächelnd setzte er hinzu: „So geht's auch mir, denn mehr ist bei Lehmann nicht drin ..." Was jedoch faustdick untertrieben war, denn noch im selben Jahr begann er mit der Arbeit an der großen Fassung des „Tänzers". Diese zweite herausragende Senkrechte, mit deren Darstellung dieser Band seinen Anfang nahm, soll nun allerdings seine endgültig letzte große Skulptur sein. Seine Handgelenke sind durch die mehrjährige Arbeit an der „Attischen Figur" und am „Tänzer" so angegriffen, daß er sich nicht mehr an größere Formate heranwagen mag. Aber Lehmann müßte nicht Lehmann sein, wenn er sich nicht schon auf neue Kleinplastiken freuen würde.

Als der Künstler 75 Jahre alt wurde, erhielt er einen Geburtstagsbrief von dem damals – 1980 – 91jährigen Gerhard Marcks.

„Gerhard Marcks   z. Z. Hain-Oberzissen/Eifel

5000 Köln 41
Belvederestraße 149 a
25. VII. 80

Lieber Kurt Lehmann,

mit dem Mainzer Katalog haben Sie mir eine große Freude gemacht! Also: Sie leben noch, körperlich und vor allem geistig! Es ist kein falscher Wahn: Es giebt so etwas wie eine Deutsche Plastik-Schule. Allen Museumsdirektoren und Klaukschietern zum Trotz. Uns allen, die wir uns dazurechnen, liegt die Figur des Menschen am Herzen. Wir versuchen ihr auf jede Weise nahe zu kommen, nicht sie zu einem Ornament zu verstümmeln. Die Abstraktion ist ein Arbeitsvorgang, den Weg von der Anschauung zur Vorstellung zu finden. Nicht: sich was ausdenken.
Im Alter büßt man manches ein. Aber man hat gelernt die Probleme nicht ‚woanders' zu suchen und ohne Gewissensbisse nur die eigne Natur zu Worte kommen zu lassen – frei zu werden! So sehe ich Ihr Bildnis der Frau Müller – Sie haben nichts damit ‚gewollt'. Die Zurückführung der Erscheinung auf die stereometrischen Gesetze bleibt unverloren. Ehrliche Arbeit trägt Früchte.
Nu sind Sie 75, die letzte Runde wird geläutet – ich wünsche Ihnen noch viel Glück und Freude dazu! Ich bin schon am Ziel angekommen. Ob ich überhaupt noch plastisch werde arbeiten können, muß ich bezweifeln: der Kreislauf wird immer schlechter. Voriges Jahr habe ich noch, mit Hilfe einer Vergrößerung eine lebensgroße Figur zustande gebracht, nicht meine schlechteste, zur Erinnerung an die Gefallenen, Bruder und Sohn. Nie mehr. Es muß genug sein, versuche es noch mit Grafik, da kann man bei sitzen (außerdem ist mein rechter Arm kaputt). Die Kölner Luft ist teuflisch, hier 300 m hoch, kann ich atmen.

Es lebe die Kunst! Bon travail!
Ihr 91jähriger Gerhard Marcks"

Mit wenigen Worten würdigt der ältere die Arbeit des Bildhauerkollegen, nicht ohne das Verbindende hervorzuheben. Marcks sieht es vor allem im Festhalten an der Figur des Menschen. Ihr nahe zu kommen, hat sich Kurt Lehmann in der Tat auf jede Weise bemüht. Zwar hat er die Abstraktion weiter getrieben als Marcks, aber der Natur in der ganzen Vielfalt ihrer Erscheinungen fühlte er sich letztlich verpflichtet. So ist auch das Bild des Menschen, das er über viele Jahrzehnte eines zerstörerischen Jahrhunderts hin bewahrte, vielschichtig. Hoffnungsvolle junge Gestalten stehen neben jenen, die Krieg und Verfolgung fast zu Boden gestreckt haben. Ihre Zahl indes wird weit übertroffen von denen, die heiteren Sinnes oder in sich gekehrt nachdenklich ihr Leben führen. Alle besitzen eine schlichte, selbstverständliche Würde, die meilenweit entfernt ist von Pose und Pathos. Das gilt für die frühen, dem Naturvorbild nahen Figuren ebenso wie für die späteren, in denen Lehmann die Naturform einerseits durch Zurückführen auf die Grundstruktur des Gegenstandes und andererseits durch Übersteigerung des Volumens auf das Wesenhafte hin vereinfacht. Auch bei diesen für ihn charakteristischen Methoden des Abstrahierens bzw. Verfremdens bewegt er sich zwischen den beiden Polen Wachsen und Bauen, zwischen Natur und Architektur. Die Natur, die nach einem immanenten Gesetz Gestalt annimmt hier und der planende, auf Klarheit und Maß bedachte Verstand dort: Beide bestimmen Sinn und Form seines Werks. Es setzt Zeichen einer immer neu zu beweisenden Menschlichkeit und des Glaubens an das Leben.

Gerhard Marcks

3.3.5471 · Hain-Oberzissen
5000 Köln 41
Belvederestraße 149a
Eifel
25 VII 80

Lieber Kurt Lehmann,

Mit dem Mainzer Katalog haben Sie mir eine grosse Freude gemacht! Also: Sie leben noch, körperlich und vor allem geistig! Es ist kein falscher Wahn: es giebt so etwas wie eine deutsche Plastik-Schule. Allen Museumsdirektoren und Klaukschietern zum Trotz. Uns allen, die wir uns dazurechnen, liegt die Figur des Menschen am Herzen. Wir versuchen ihr auf jede Weise nahe zu kommen, nicht sie zu einem Ornament zu verstümmeln. Die Abstraktion ist ein Arbeitsvorgang, den Weg von der Anschauung zur Vorstellung zu finden. Nicht: sich was ausdenken.

Im Alter büsst man manches ein. Aber man hat gelernt die Probleme nicht „wo anders" zu suchen und ohne Gewissensbisse nur die eigne Natur zu Worte kommen zu lassen – frei zu werden! So sehe ich Ihr Bildniss der Frau Müller – Sie haben nichts damit „gewollt." Die Zurückführung der Erscheinung auf die stereometrischen Gesetze bleibt unverloren. Ehrliche Arbeit trägt Früchte.

Nu sind Sie 75, die letzte Runde wird geläutet – ich wünsche Ihnen noch viel Glück und Freude dazu! Ich bin schon am Ziel angekommen. Ob ich überhaupt noch plastisch werde arbeiten können, muss ich bezweifeln: der Kreislauf wird immer schlechter. Voriges Jahr habe ich noch, mit Hilfe einer Vergrösserung eine lebensgrosse Figur zustande gebracht, nicht meine schlechteste, zur Erinnerung an die Gefallenen, Bruder und Sohn. Nie mehr. Es muss genug sein. Versuche es noch mit Grafik, da kann man bei sitzen (ausserdem ist mein rechter Arm kaputt.) Die Kölner Luft ist teuflisch, hier, 300 m hoch, kann ich atmen.

Es lebe die Kunst! Bon travail!

Ihr 91 jähriger

Gerhard Marcks

Textnachweis

1. Petra Oelschlägel, Prager, Hannover 1994, S. 12
2. Carl Zuckmayer, Als wär's ein Stück von mir – Horen der Freundschaft, Frankfurt/M. 1966, S. 129
3. Kat. zur Ausstellung Kurt Lehmann zum 75. Geburtstag, Mittelrheinisches Landesmuseum Mainz 1980, S. 8
4. a. a. O., S. 10 f.
5. a. a. O., S. 11
6. ebda.
7. Kat. zur Ausstellung, Ateliergemeinschaft Klosterstraße Berlin 1933–1945, Künstler in der Zeit des Nationalsozialismus, Berlin 1994, S. 6
8. Kat. Mainz, S. 11
9. a. a. O., S. 14
10. Kat. zur Ausstellung Kurt Lehmann 1905–1985, Eine Retrospektive, Koblenz und Hannover 1985, S. 13 f.
11. Kat. Mainz 1980, S. 14
12. a. a. O., S. 11 f.
13. Kat. Koblenz/Hannover 1985, S. 15
14. Kat. Mainz 1980, S. 12
15. Modellieren, Dokumentation von Studentenarbeiten 1949–1970, Technische Universität Hannover, Abteilung für Architektur/Lehrstuhl für Modellieren, Hannover 1972, o. S.
16. a. a. O., o. S.
17. Kat. zur Ausstellung im Kunstverein Hamburg 1956, o. S.
18. Vortragsmanuskript des Künstlers (leicht gekürzt)
19. Kat. Koblenz/Hannover 1985, S. 132
20. Kat. Mainz 1980, S. 12
21. Kat. Koblenz/Hannover 1985, S. 121
22. Kat. Mainz 1985, S. 12

Fotonachweis

Leif Geiges (97, 100, 101, 102, 113); Heiner Gierich (2, 8, 95, 104, 121, 122); Jutta Görke (8, 9, 26, 44, 45, 51, 56, 59, 65, 68, 123); Heinrich Heeren (Schutzumschlag); Axel Hupfeld (46, 48, 53); Annelise Kretschmer (98); Rudolf Lange (92); Edgar Lieseberg (18, 54, 64, 67, 69, 70, 72, 74, 75, 76, 77, 78, 79, 82, 83, 111); Photo-Lill (111); Foto-Lindemann (86); Kurt W. L. Mueller (16, 20, 22, 23, 25, 30, 31, 34, 35, 36, 40, 49, 56, 58, 59, 61, 63, 66, 75, 81, 82, 84, 87, 88, 91, 93, 95, 108); Edith Ruscher (12, 43, 70, 80, 84, 121); Fotodienst G. v. Seck (17); Hans Wagner (71); Dr.-Ing. Peter Walser (42); W. u. Tr. (Tritschler) (29); Siegfried Zimmermann (72, 73, 99). Alle übrigen Fotos: Archiv Kurt Lehmann

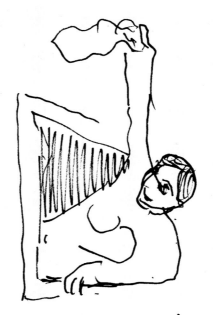

ΧΑΙΡΕΤΕ

Pelopiow, 25. 9. 1968
Kurt Lehmann

Kurt Lehmann – Lebensdaten

1905
Am 31. August in Koblenz geboren

1924–1929
Studium an der Staatlichen Kunstakademie Kassel (Bildhauer Prof. Alfred Vocke)

1929
Erste Ausstellung im Kunstverein Kassel
Kunstpreis der Stadt Kassel
Studienreise nach Belgien und Frankreich
Besuch bei Aristide Maillol

1930
Staatsstipendium für die Deutsche Akademie
Villa Massimo in Rom

1931–1934
Berlin. Teilnahme an den Ausstellungen der Berliner Sezession und des Deutschen Künstlerbundes. Freundeskreis: Werner Gilles, Gerhard Marcks, Hermann Blumenthal, Gustav Seitz

1934
Wieder in Kassel

1940–1945
Als Soldat im Kriege.
Atelier in Kassel zerstört

1946
Wiederbeginn der Arbeit in Kassel

1948
Kunstpreis der Stadt Recklinghausen

1949
Großer Kunstpreis der Stadt Köln
Kunstpreis der Stadt Braunschweig
Berufung als Professor in der Architekturabteilung der Technischen Hochschule Hannover

1951
Mitglied des Deutschen Künstlerbundes

1958
Studienreise nach Griechenland

1959
Großer Preis
des Landes Nordrhein-Westfalen

1960
Staatspreis des Landes Rheinland-Pfalz

1962
Studienreise nach Israel und in die Türkei

1965
Studienreise nach Irland

1967
Kurzreise nach Oslo

1968
Studienreise nach Griechenland

1970
Übersiedlung nach Staufen im Breisgau

1973
Ehrengast der Villa Massimo, Rom

1974
Studienreise in die USA

1975
Studienreise nach Griechenland

1977
Max-Slevogt-Medaille
des Landes Rheinland-Pfalz

1978 und 1979
Studienreisen nach Polen

1980
Studienreise nach Paris

1984
Kulturpreis der Stadt Koblenz

Ausstellungsverzeichnis

Nachstehend sind nur die Einzelausstellungen genannt. Gruppenausstellungen siehe Dissertation von Karin Bury.
Zu den mit einem Stern (*) gekennzeichneten Ausstellungen sind Kataloge erschienen.

1929
Kassel, Kunstverein

1937
Berlin, Galerie Buchholz

1946
Kassel, Kunsthandlung Lometsch
Kurt Lehmann. Handzeichnungen und Plastik*

1954
Kassel, Kunstverein
Kurt Lehmann*

1956
Hamburg, Kunstverein
Kurt Lehmann*

1958
Düsseldorf, Galerie Alex Vömel
Kurt Lehmann*
Hameln, Kunstkreis
Kurt Lehmann. Plastik und Zeichnung*

1960
Köln, Kunstverein
Kurt Lehmann. Skulpturen*

1961
Mainz, Kunstgeschichtliches Institut der Universität
Kurt Lehmann. Skulpturen. Handzeichnungen. Großfotos*
Hamburg, Galerie Helmut von der Höh
Kurt Lehmann. Plastiken und Handzeichnungen*

1967
Koblenz, Künstlerhaus Metternich
Kurt Lehmann. Plastiker. Zeichnungen*

1980
Hameln, Kunstkreis
Kurt Lehmann. Plastiken und Handzeichnungen 1924–1980*
Mainz, Mittelrheinisches Landesmuseum
Kurt Lehmann zum 75. Geburtstag. Plastiken – Zeichnungen*
Freiburg/Brsg., Kunstverein
Kurt Lehmann. Skulpturen und Zeichnungen*
Ludwigshafen a. Rh., Kunstverein
Kurt Lehmann. Skulpturen und Zeichnungen*

1985
Koblenz, Künstlerhaus Metternich, und Hannover, Kubus an der Aegidienkirche
Kurt Lehmann 1905–1985. Eine Retrospektive*

Bibliographische Angaben

Walter Passarge
Der Bildhauer Kurt Lehmann,
Kassel 1957

Rudolf Lange
Kurt Lehmann, Göttingen 1968

Karin Bury
Der Bildhauer Kurt Lehmann – Das plastische Werk. Ein Beitrag zur Bildhauerkunst des 20. Jahrhunderts. Dissertation mit Œuvrekatalog, Heidelberg 1993

Weitere ausführliche Literatur ist bei Karin Bury verzeichnet. Vgl. außerdem die Übersicht der Einzelausstellungen mit Katalog.

Kurt Lehmanns Werke befinden sich in Museen, auf Straßen und Plätzen zahlreicher Städte, in oder an öffentlichen Gebäuden, in Privatbesitz und im Besitz des Künstlers. Einzelangaben siehe ebenfalls bei Karin Bury.